酒店的管理宝典 厨师的良师益友

现代酒店管理

王 军/编著

山东城市出版传媒集团·济南出版社

图书在版编目（CIP）数据

现代酒店管理 / 王军编著. -- 济南：济南出版社，
2018.5（2024.2重印）

ISBN 978-7-5488-3204-1

Ⅰ.①现… Ⅱ.①王… Ⅲ.①饭店-企业管理 Ⅳ.
①F719.2

中国版本图书馆CIP数据核字(2018)第092679号

现代酒店管理　王　军 / 编著

顾　　问　高炳义　李铁钢　焦福成
责任编辑　朱　琦　李　敏
稿件统筹　孟爱军　薛　飞　程　丽
装帧设计　赵文苑
美术编辑　孙维维
出版发行　济南出版社
地　　址　济南市二环南路1号(250002)
网　　址　www.jnpub.com
电　　话　0531－82803191
传　　真　0531－86131709
经　　销　各地新华书店

印　　刷　山东百润本色印刷有限公司
成品尺寸　170mm×240mm　16开
印　　张　10.25
字　　数　150千
版　　次　2018年5月第1版
印　　次　2024年2月第2次印刷
定　　价　59.80元
发行电话　0531－86131730/86131731/86116641
传　　真　0531－86922073

序

三个月前,我偶遇王军老师。当他提起想要出一本《现代酒店管理》时,我为之一振,一个能把烹饪事业作为自己生命的人,又有何事情做不了?

王军老师和我也算是故交了,他在烹饪上的造诣业内众所周知,其人品更如他的菜品——简单而不失味道。当其表示想让我为该书作序时,我一是高兴,二是感到压力很大。翻看王军老师的书稿,我一直思索着该如何着笔,去为这本书作序。全书稿我前后细读了不下五遍,感受很深,感触良多。

暂且不提王军老师在烹饪界的名气、在烹饪上的造诣,更不提他在中华美食文化传承上所做的贡献,单单这本书稿,就凝聚了其不少的心血,这在整个烹饪界是少见的。

全书六万余字,从员工的基本理论知识到个人素质涵养,从餐饮行业的综合管理到后厨的操作要求,从酒店前台的服务标准到客房工作流程……分门别类、岗位细分、遵循有章。我常想,是怎样一种精神支撑王军老师去做这项工作,而且做得如此之细、如此之好,这让我们很多业内同仁为之折服。

世上无难事,只怕有心人。王军老师是有心的,他不甘于只做一名后堂的厨子,不甘于只做流芳一时的食神、桃李遍天下的师者,而是致力于中华美食文化的传承与发扬。他经常和我说:"论做菜,我是有水平的,但不代表做人有价值。人活得有水平简单,活得有价值难,但即便再难,我也要去做,也要把它做好。"现在回想起王军老师的话,再翻起这篇书稿,这不就是王军老师说及的价值吗?

通篇来看这本《现代酒店管理》,内容共分三个章节,从现代酒店业、餐饮业、住宿业的培训课程、综合管理和基本服务等方面,全面系统地介绍了现代酒店业管理的各个层面应注意的事项,所有章节紧紧围绕酒店管理的各个环节展开,具有较强的新鲜感和时代感。该书适用于实践型本科、高职旅游管理、酒店管理专业类学生。同时,也可供酒店管理相关从业人员使用。本书可谓王军老师从业多年来精心总结的成果,也是酒店从业人员、专业类院校学生的良师益友。

李云鹤

2018年3月13日

现代酒店管理
CONTENTS
目 录

第一章 培训课程

第二章　餐饮部综合管理

内容 全面　理念 先进　方法 实用

王军大师　荣誉成就

1985年至1988年，北京玉龙大酒店三级厨师。

1989年至1992年，北京川府酒店行政总厨。

1993年至1994年，淮北天成大酒店主厨、淮北烹饪协会会员（1994年6月考取一级厨师职称）。

1995年，山东济南东方美食学院特一级烹调师，《东方美食》杂志特邀记者。

1996年至1999年，《东方美食》优秀厨师记者。

1999年至2001年，在淮北劳动技校任教，带领学员前往厦门泉州叶子头大酒店、海鲜大酒店、北京川粤大酒店、济南趵突泉宾馆、鲁鹰宾馆、桃园大酒店现场表演徽菜制作。

2007年4月，淮北市华松宾馆行政总厨兼总经理，代表华松宾馆大酒店参加央视满汉全席大赛，夺得金牌，荣获擂主称号。

2007年5月，参加中国与挪威联合举办的四川首届创新大赛，夺得四项金奖，成为本次大赛全能冠军。

2007年5月，参加央视满汉全席守擂比赛，荣获金牌。

2007年8月，参加中国徽菜研修。

2007年9月，参加中国无锡东海渔港杯满汉全席技能大赛，荣获特金奖以及"中华绿色烹饪大师"称号，任国际酒店管理专家团客座教授。

2007年10月，事迹载入《中国当代名厨》，荣获"中华名厨"称号。

2007年11月，参加中国首届乡土菜国际烹饪大赛，荣获四项金奖。

2008年4月，摘得北京迎奥运烹饪技能大赛特金奖，并参加中国爱心杯国际食神争霸赛，荣获"中华食神"称号。

2008年12月，在北京钓鱼台国宾馆参加中华时代名人高峰论坛，被评为改革开放30年"风云人物"。

2009年，担任第四届搜厨国际大赛评委。

2010年，荣获餐饮行业新锐人物奖。

2010年，担任国际调味大师争霸赛评委。

2010年，被评为中国餐饮业职业经理人、国家一级讲师，同年12月晋级国家高级技师。

2013年3月，被授予2013"国家名厨"称号，选入《国家名厨》（第二卷）。

2014年，事迹载入《聚焦中国梦 传递正能量》（第一卷）。

2015年，创建王氏厨艺家族厨皇联盟会并担任会长；同年成立安徽美源餐饮管理有限公司并担任董事长。

2016年，在淮北金利良缘大酒店举行收徒仪式。

2017年，在安徽滁州全椒《儒林外史》国际大酒店举行收徒仪式。

2018年，在淮北艺海演艺宴会中心举行收徒仪式。

传承经典中华美食

品享极致味觉盛宴

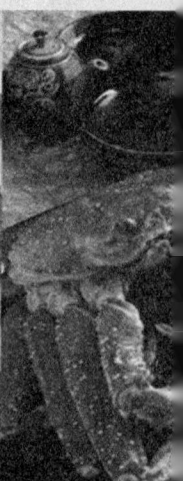

第一章 培训课程

第一节
企业需要什么样的员工

1. 有理想，不甘心的人。

2. 爱学习，不满足的人。

3. 能坚持，不放弃的人。

4. 能吃苦，肯付出的人。

第二节
什么叫四步培训法

1. 讲解。

2. 示范。

3. 基本常识。

4. 跟踪辅导。

第三节
怎样做一个合格的员工

1. 注重自己的仪容仪表。

2. 不迟到、不早退、守时间。

3. 熟练掌握服务技巧。

4. 有合理的计划目标。

5. 一个人可以没有文凭，但绝对不能没有知识。

6. 一个人可以不进大学门，但一定要学习。

7. 要想把工作做好、见成效，首先放平心态。

8. 一个人梦想要大、目标要大，首先从小事做起、做好。

9. 具备团队精神、合作精神。

10. 接受领导指示、听从及执行上级的决定。

11. 做工作要有灵活性、适应性，还有解决问题的能力。

12. 工作精益求精、任劳任怨。

第四节
培训目的

1. 服务操作正规化。

2. 提高员工的服务技能。

3. 员工有礼貌、懂礼节。

4. 使我们的员工在动作上、语言上达到一定的标准。

5. 工作时不准抽烟、不准打闹。

第五节
做好任何一件事

1. 了解你所做的事。

2. 热爱你所做的事。

3. 目标要明确。

4. 工作要有计划。

5. 举措要有力，执行要彻底。

6. 追踪要及时。

第六节
什么叫成功

1. 成功不是一蹴而就的，需要持之以恒。

2. 坚持到底就是成功。

3. 坚持的昨天叫立足，坚持的今天叫进取。

4. 无论做任何事，贵在坚持。

5. 发扬军人作风，做事干脆、果断、雷厉风行。

第七节
加速你成功的五种习惯

1. 保持激情。只有拥有激情才有动力，才能感染自己和其他人。

2. 做事专注。抓住一个重点，像钉子一样钻进去，做深做透。

3. 执行力。不仅知道，更要做到。

4. 学习的习惯。学习是最有价值的投资。

5. 反省的习惯。经常反省自己的得失，会使自己成功得更快。

第八节
什么是细节

1. 细节最能反映一个人的修养，细节的成功看似偶然，实则孕育着成功的必然。

2. 小事成就大事，细节成就完美。

3. 抓住别人看不到的商机。

4. 改变自己，做别人不愿意做的事。

5. 要立长志，不要常立志。

第九节
什么叫人品

人品，是指人的品质和人的品格。

1. 产品决定存在。

2. 人品决定人脉。

3. 用善良和真诚取得信任。

4. 不忘初心，方得始终。

第十节
什么叫服务

1. 服务是通过为他人做事把无形的产品转变为商品。

2. 服务是一种无形的活动或过程，看不见摸不着。

3. 服务是一种动力，使产品商业化。

4. 服务是一门学不完的课程。

第十一节
解决客人投诉的六个步骤

1. 表示真诚道歉。

2. 承认客人投诉事实。

3. 同意客人要求。

4. 感谢客人批评指正。

5. 快速采取行动，尽快采取补偿措施。

6. 跟踪了解补偿情况是否落实。

第十二节
细化培训内容：服务培训

职业培训服务要领：

1. 朋友莅临，礼貌热情。

2. 始终微笑，如沐春风。

3. 着重主宾，不误旁宾。

4. 批评夸奖，荣辱不惊。

5. 客少样多，小份推荐。

6. 服务更好，操作先行。

7. 敬语妙言，感染心灵。

8. 老少尊至，呵护其中。

9. 重点提供，精神文明。

10. 品牌企业，通达顺成。

六大技能：

1. 托盘。

2. 斟酒。

3. 铺台、摆台。

4. 上菜。

5. 分菜。

6. 口布、折花、叠花。

第十三节
服务员的基本知识

1. 仪容仪表端庄大方，文明用语。

2. 服务技巧：在最短的时间内掌握客人的习惯以及爱好。

3. 注意上菜的程序、姿势和斟酒的正确方法。

4. 在餐中，不要因客人的一些话语和行为影响个人工作情绪，导致服务质量下降，给自己带来不必要的麻烦和心理压力，坚持做到有问必答。

5. 在上菜过程中，客人发现菜里有头发或苍蝇时，要保持头脑清醒，有应变能力，尽量不要和客人发生冲突，以免客人为了一道菜不买单。

6. 服务宗旨：

（1）主动；（2）热情；（3）耐心；（4）周到。

7. 服务员必须做到的"三轻"：

（1）说话轻；（2）操作轻；（3）动作轻。

第十四节
服务的程序

1. 房间卫生要彻底打扫干净。

2. 待客要诚恳、热心、热情，面带微笑。

3. 拉椅摆座（如撤椅，撤座，增添或撤下餐具、茶具、烟灰缸），然后倒茶水、斟酒。

4. 推销菜品，应当知道各类原料的品质、特点、产地、性能和制作程序，以及酒类饮料的品种、价位等。

5. 菜品的摆放，鱼头对准主宾客，分菜做到鸡不分头、鸭不献掌、鱼不分背。

6. 上菜要规范：一菜中间、二菜一条线、三菜一品、四菜一正、五菜一圆、六菜一零。

7. 在客人就餐中，多一些微笑、多一些问候、多一些服务，就会让客人感到有家一般的温暖。

8. 餐前准备，餐具清洁、消毒设备调试。

9. 餐中服务，斟酒布菜、倒菜、递毛巾、巡台。

10. 餐桌扫尾，撤菜盘、洗餐具、席中打扫卫生。

11. 账单结算、礼貌送客。

第十五节
完美服务理念

1. 以真诚的微笑待客

微笑待客，在餐饮企业日常经营过程中要求每一位员工对待顾客要给以真诚的微笑。微笑是最生动、简洁、直接的欢迎词，微笑能战胜一切，微笑当先锋，一切都会阳光起来。微笑需要员工长期的自我训练和调节以及专业培训，最终形成职业微笑。员工在服务中微笑，应不受时间、地点、人数多少、客人态度、自身情绪等因素影响，只有具备了真诚且专业性的微笑，顾客在接受服务时才能感到春天般的温暖。

2. 精通服务业务

在服务中精通业务，要求员工对所从事的工作各方面都精通，并能做得完美无缺。千里之行，始于足下。要想使自己精通业务，必须上好培训的每一课，并在实际操作中不断总结与反思，取长补短，不断丰富自己的知识面，做到一专多能，在服务中才能游刃有余。

3. 随时准备服务

必须做好各种准备工作，比如折叠口布，熟悉各种用具数量和用途，检查清洁工具是否完好、菜单和酒水单是否齐全。只有事先准备好各项工作，给客人服务时才不会手忙脚乱，才能得心应手，无后顾之忧。

4. 将每一位客人都视为特殊重要的人物

这一点是员工常常忽略的环节，经常有消极服务现象发生。主要是员工看他们穿戴比较随便，消费额较低，感觉没有派头。这是因表面现象而产生的。这就要求在日常培训时给员工灌输客人就是上帝的理念，并且使员工牢牢记住工资和奖金都是由客人支付的，客人消费次数多了，酒店效益好了，利润增加了，我们的收入才能增加，工资才能得到保障。

5. 为客人创造温馨的用餐氛围

关键在服务前的环境布置，在服务过程中节奏和谐、态度友善，同时要尽可能掌握客人的偏好或特点，比如左手用餐、客人的口味等，以此为客人营造家的感觉。

6. 用眼神观察客人的需求并及时提供服务

服务的细腻主要表现在对客户进行服务时善于观察、揣摩客人心理，预测客人需求并及时提供服务。甚至在客人未提出要求之前，就能替客人做到，使客人备感亲切。这就是我们所谓的超前服务意识。

7. 个性化服务

要求提供相应的、更有针对性的服务，使顾客在接受服务的同时，产生舒适的心理感受；要求更为细微的主动服务、灵活服务及超常服务，用规范化的服务来满足消费者需求。

第十六节
服务人员职责

1. 要有使命感。

2. 要有责任感。

3. 要有积极性。

4. 要有进取心。

5. 要忠诚可靠。

6. 要有忍耐性。

7. 要善于应变。

8. 要取长补短。

9. 要埋头苦干。

第十七节
熟练掌握推销技巧，提高服务质量

1. 服务人员在推销菜肴当中，通过简短的询问谈话，来判断客人需要什么或不需要什么，通过自信的介绍，让客人相信你推销的菜肴，从而点这道菜。

2. 一流的服务员就像沙漠中的绿洲，以专业的职业态度主动为客人提供热情周到、耐心细致的服务，为原本单一的吃饭注入了新的内容。

3. 酒店效益好在很大程度上取决于服务，许多客人消费的也是服务；反之，酒店的效益不好，大部分也是缺乏服务意识，员工素质差造成的。因此要提高服务质量，增强服务意识，培养员工服务理念；在服务中全心全意，保持良好的心态，为客人服务，从而达到服务效果。

第十八节
微笑服务的重要性

服务于酒店一线的员工，代表着整个酒店的形象，是展示服务质量最重要的代言人。在行业竞争越来越激烈的情况下，体现良好、规范、人性化的"微笑服务"能彰显一家酒店的管理服务水平。微笑服务的重要性在于：

一、微笑服务能带来良好的第一印象。第一印象表现为对服务人员的仪表、言谈、举止等方面的观察而形成的感觉。想在短短的时间里让客人对你、对酒店、对菜品有一个良好的印象，微笑服务必不可少。

二、微笑服务能给工作带来便利，提高工作效率。由于微笑，员工会很自然地使用温和的语调和礼貌的语言，这不仅能引发客人内心的好感，有时还可稳定客人等候上菜时焦虑急躁的情绪。而客人情绪的稳定、态度的配合，有利于酒店服务工作的顺利进行。同时，微笑也容易给服务人员自身带来热情、主动、自信等良好的情绪，可使工作者身心健康，提高工作效率。

三、微笑服务可以带来良好的经济效益。酒店服务人员既代表个人又代表整个酒店的形象，这两种角色彼此依赖又互为联系，如果每个员工都能做到微笑服务，客人不仅会对服务人员产生良好的印象，而且会将这一具体的感受升华为对酒店的认可。

随着社会的发展，人们享受服务的意识越来越强，酒店要想在竞争中求生存、求发展，就必须以微笑服务等赢得更多客人的青睐和认可。

第十九节
服务员的素质

服务员在实际的服务工作中应该具备什么样的素质呢？一家优秀的酒店，其服务员的衣着一定要整齐，仪态要端庄有礼，注重清洁卫生，使顾客对这家酒店产生好感，放心在这家酒店用餐。

服务员除了上面应该注意的事项以外，还要注意佩戴规定的统一发罩，除了手表、戒指以外不得佩戴其他任何珠宝及装饰品，应穿走动方便的平底鞋，丝袜不要有洞或抽丝，只有这样才能给顾客留下端庄大方的印象。工作时间一律禁止嚼口香糖，同时要注意对客人态度是否亲切，讲话时的音调是否适度，如此更能增加服务的亲和力。

服务员是服务顾客的一种工作角色，要体现顾客为主的原则。酒店的每一位从业人员，无论是经理、领班、服务员还是服务生，只是分工不同，必须共同努力才能将工作完成。当一名服务员正忙于服务客人或稍微离开工作岗位时，另一名服务人员必须从事他所能代替的任何工作，绝不能把顾客放在那里不理不睬，使顾客有种被遗忘的感觉。因此，从业人员之间必须配合得天衣无缝，方可使每项工作更为顺利。了解及发现同事们的工作困难，协助同事共同完成工作，这种及时补位的团队精神，是每个服务员必备的素质要求。

服务员应遵守以下纪律才能完成团队工作：

1. 不要挑剔别人并和别人发生口角。

2. 当同事的工作非常出色时，应给予赞扬。

3. 当同事工作需要协助时，要给予适当的帮助，但不要超过范围，以免妨碍他人。

4. 不要抢别人的光彩，出自己的风头。

5. 按时上下班，并按照规定穿工作服。

6. 服务以顾客满意为原则，不要自作聪明。

一个优秀的服务员，除了具备以上素质外，还要做到以下几点：

1. 熟练掌握每一道菜的烹调时间，在顾客点菜时尽可能避免耽误客人时间或供应热度不够的菜肴。这样客人就会衡量菜肴烹制的时间长短从而改变他们的点菜品种。

2. 当客人所点的菜经过适当的调整后，可使同一桌的客人能大致在同一时间进餐。如有些客人所点的菜烹调时间较长，服务员可以机智灵活的方式告诉客人，客人为了同桌人的方便也许会改变最初的选择。

3. 为使服务工作顺利进行，客人点菜时必须系统地记录下来，否则便会将点菜记录搅乱。在点菜时，客人时常会改变主意而更换其他菜肴，这时服务员只要在原菜单上画掉不要的菜肴，再将客人改点的菜名加上去就可以了。

4. 在未确定点菜前，不能随便离开餐桌，一定要向客人问清楚，以免遗漏或错误，这样可以省去在餐桌和厨房间的无谓奔跑，也免让客人等候。

5. 客人在酒店用餐时也可能让服务员推荐该酒店的主打菜、招牌菜和特色菜。假如客人犹豫不定，服务员可以给他们一些建议，建议的方式必须使客人相信是在帮他点菜，而不是使他觉得是在推销酒店的菜肴。

6. 有时客人常因邻桌客人所点的菜肴或点心而受影响，这时服务员应该询问客人是否也来一份，并问清需要哪一种点心或菜肴。成功地推荐菜肴，不仅会使顾客快乐，还会使消费开支增大，一举两得。

总之，酒店对人力资源的管理已经成为企业成功与否的一个决定性因素。只有激发全体员工的斗志、苦练心功，努力提升员工的专业素养，才能在激烈的市场竞争中领先，获得优势地位。

第二十节
文明服务用语

1. 见到领导主动问好。

2. 早上好，中午好，晚上好。

3. 迎接顾客：欢迎您，里面请。

4. 安排座位打招呼：请这里坐，请坐会儿，请稍等。

5. 您需要什么烟，什么品牌的酒，什么饮料。

6. 介绍饭菜时：您点菜吗？这是菜谱，请您点菜，您商量好了吗？

7. 餐中打招呼：您还需要些别的吗？您慢用。

8. 上菜时打招呼：对不起，让您久等了，请稍后，马上就好。

9. 有事打扰客人时：对不起，麻烦您，不会打扰到您吧？

10. 上菜时与客人打招呼，首先要说：您好！打扰一下。

11. 回答顾客要办事情时：请等一下，请原谅！好，很愿意为您服务。

12. 向客人征求意见时：您品尝得如何？您吃得好吗？您觉得满意吗？请提出宝贵意见。

13. 客人离店时：再见！欢迎您下次光临，您慢走。

14. 客人不注意碰了服务员或者有求于服务员，说些感谢话语时：没关系，别客气，不要紧，这是我们应该做的。

15. 先生中午好或者先生晚上好，欢迎光临。

16. 先生，您预订了吗？

17. 先生里面请，来杯茶水好吗？

18. 现在可以点菜吗？

19. 祝您用餐愉快。

20. 先生您慢走，欢迎下次光临。

第二十一节
上菜、分菜培训

上菜、分菜是餐厅服务员的基本功，是中餐零点餐服务和宴会服务中不可缺少的内容。在中餐零点餐和各类宴会服务中熟练掌握上菜、分菜的技艺，不仅让客人适时品尝美味佳肴，也让客人领略其中的饮食文化，而且高超、娴熟、优美的上菜、分菜技艺还能带给客人赏心悦目的艺术享受，给席间就餐增添喜庆气氛。

上菜与分菜的要领

1. 了解本店菜品知识与特点。
2. 掌握上菜和分菜的操作要领与方法。
3. 了解中餐上菜的操作要领。
4. 掌握中餐分菜的基本方法。

上菜

中餐上菜程序和规则

1. 上菜程序。

一般中餐上菜的程序是：

冷菜—卤拼—刺身—羹—大菜—热菜—蔬菜—点心—主食—水果，但粤菜则习惯于先汤后菜（特殊情况酌情处理）。

2. 上菜规则。

中餐上菜应掌握的规则是：

先冷后热，先菜后点，先咸后甜，先炒后烧。

先清淡后肥厚，先优质后一般。

如客人对上菜有特殊要求，应灵活掌握。

中餐上菜位置和姿势

1. 上菜位置。

服务员在为客人上菜时，应选择正确的位置，一般应以不打扰客人为原则。在副主人的右侧进行，严禁在主人和主宾之间进行上菜。

2. 上菜姿势。

上菜时，服务员应将菜肴放在托盘内端托至餐桌前，左手托托盘，右脚跨前踏在两椅之间，侧身用右手上菜。宴会应先服从于主桌，一般先主桌再其他餐桌。

中餐上菜时机和节奏

1. 上菜时机。

（1）上冷菜：

中餐零点餐应在下菜单后10分钟内上好冷菜；中餐宴会则应在开餐前15分钟摆好冷菜（斟好酒）。

（2）上热菜：

中餐零点餐应等冷菜食用剩下1/3时上热菜；中餐宴会则应等冷菜食用剩下1/2时上热菜。

2. 上菜节奏。

中餐零点餐的上菜节奏，应根据客人用餐情况灵活掌握。一般小桌客人的菜在20分钟左右上完，大桌客人的菜在30分钟左右上完。特殊接待，特殊对待。

中餐上菜规范和安全要求

1. 上菜前。

（1）核对台号、品名、温度、器皿（清洁度、有无破损）、分量，有无杂物、异物，避免上错菜。

（2）整理台面，留出空位，严禁盘与盘之间互相叠压。满桌时可以大盘换小盘或帮助分派。

2. 上菜时。

（1）报菜名并对特殊菜肴简单介绍，新上菜肴应先通过转台至主宾面前。

（2）应先将摆放菜肴的空位留好，然后上菜。

（3）有调味的菜肴要先上调味，再上主菜，或调味和主菜一起上。

（4）上汤菜时要加汤匙，上煲仔类一般加垫碟上席，上带壳食品要跟毛巾与洗手盅。

（5）菜肴摆放要讲究造型艺术，尊重主宾，方便食用。做到冷荤主盘正面及热菜头菜正面朝向第一主宾位，其他菜肴上桌时应将菜面朝向四周，使所有上桌的菜肴均形成正面朝向客人。

上菜时的服务用语

1. 上菜时应向客人礼貌表示。

2. "打扰一下！"、报菜名、"请品尝！"

3. 上第一道菜时应向客人表示："请慢用。"

4. 上最后一道菜时要及时告知客人："菜已上齐（视情而定），还需要什么请随时吩咐！"

5. 上菜安全要求。

（1）上各种菜肴时，应做到端平走稳，轻拿轻放。

（2）上菜忌推，并应注意盘底、盘边要干净。

（3）上带汤汁的菜肴应双手端送，以免洒在客人身上。

（4）上菜时要有示意，以提醒客人防止碰撞，要从客人的空隙处平稳递上，切不可将菜盘从客人身上、头上越过，特别是小孩。

特殊菜肴的上法

1. 上易变形的炸、爆、炒的菜肴，出锅需立即端上餐桌，上菜时要轻稳，以保持菜肴的形状和风味。

2. 上有声响的（锅巴类）菜肴，一出锅就要以最快的速度端上桌，随即把汤汁浇在菜上，使之发出响声。做这一系列动作要连贯，不能耽搁，否则此菜将失去应有的效果。

3. 上炖品菜肴应注意安全，上台后当着客人的面启盖，以保持炖品的原味，并使香气在席间散发。揭盖时要将盖子翻转移开，以免汤水滴落在客人身上。

4. 上泥封、纸包、荷叶包菜肴，应先送上餐台让客人观赏，再拿到工作台上打开或启封，以保持菜肴的香味和特色。

5. 上拔丝类菜肴，要趁热，将装有拔丝菜肴的盘子搁在汤碗上用托盘端送上餐桌，并跟上凉开水。趁热上拔丝菜肴，可防止糖汁凝固，保持菜肴的风味。

分菜

菜品名称分为：写实型、寓意型和仿真型。

1. 写实型菜品的名称能体现其选用原料、烹调方法、食用方法，在正确报菜名后，客人对菜品可一目了然。

2. 寓意型菜品名称是无法完全体现原料、烹调方法、食用方法的，在正确报菜名后，还要介绍菜品名称的由来、典故和主要原料，除了能增添客人的进餐情趣外，还可令客人加深对饮食文化的了解。

3. 仿真型菜品名称多见于素菜荤名。报出菜品名称后，要同时将制作此类菜品的主要原材料如实告知客人，以免造成客人的误会。

中餐分菜的基本方法

中餐分菜工具一般有餐叉、餐勺、餐刀、长把餐勺、筷子等，一般应根据菜肴的不同进行合理选择，搭配使用。

1. 餐叉与餐勺的用法。

用右手握餐叉、餐勺的柄部，依靠右手的五个手指配合来控制餐叉和餐勺。具体做法是先将餐勺的勺心向上，勺柄置于右手的中指与小指之上、无名指之下，夹住固定；而餐叉柄应置于食指与无名指之上、大拇指之下，握住固定。若是丝状类菜，餐叉的凹面应向上；若是块状类菜，餐叉的凹面应向上。五个手指分别将餐叉、餐勺固定后，就能在分菜服务时操作自如，既能将菜分好，同时又可将菜汁由勺盛取一同分送。

2. 长把汤勺与筷子的用法。

长把汤勺单独使用时，一般是右手握勺把。长把汤勺与筷子配合使用时，一般是右手拿筷子，左手拿勺，配合进行分菜，用筷子夹取菜肴时，勺要接挡下方，以防菜汁滴落在台面上。

中餐分菜前的准备工作

1. 中餐分菜餐具准备。

分炒菜前，应准备分菜所需相应数量的骨碟；分汤菜前，应准备分汤菜所需相应数量的汤碗。

2. 中餐分菜工具准备。

分炒菜时应准备餐叉与餐勺，也可以使用筷子与长把汤勺；分汤菜时，应准备长把汤勺；分鱼、禽类菜肴时，要准备餐刀、餐叉、餐勺。

中餐分菜方式

1. 转盘式分菜。

（1）提前将与客人人数相等的餐碟有秩序地摆放在转台上，核对菜名，双手将菜端到转盘上，示菜报菜名并对菜肴简单介绍。

（2）用手把勺、筷子或餐叉、餐勺分派。全部分完后，将分菜用具放在空菜盘里。完成后，将空菜盘和分菜用具一并撤下。此法也可以由两人配合完成，一人负责分菜，另一人负责将分好的菜肴递送给客人。

（3）迅速撤身，取托盘，从主宾右侧开始，按顺时针方向绕台进行，先撤前一道菜的餐碟，再从转盘上取菜端给客人。

2. 旁桌式分菜。

（1）准备好干净的餐盘和分菜用具，并放置于客人餐桌旁的服务桌上或服务车上。

（2）核对菜名，双手将菜端至转盘上，报菜名时对菜肴简单介绍。

（3）将菜肴取下，放在服务桌或服务车上分菜。

（4）菜分好后，从主宾右侧开始，按顺时针方向将餐盘送上。

3. 餐桌分菜。

（1）核对菜名，双手将菜端至转盘上，报菜名时对菜肴简单介绍。

（2）将菜取下，左手用餐巾托垫菜盘，右手拿餐叉、餐勺。

（3）站在客人的右侧，右腿在前，上身微前倾，从主宾右侧开始，按顺时针方向绕台进行分让。

（4）分每道菜时，可以一次分完，也可以略余下1/4、1/5的菜肴（可换放于一小碟中），以示菜肴的宽裕及方便想再添用的客人。

分菜时做到一勺准，数量均匀，决不可将一勺菜同时分给两位客人，更不可当着客人的面从分得多的盘碗中匀给分得少的盘碗中，同时还要注意菜的色彩、荤素搭配均匀，并注意菜肴的优质部位应分给主宾和主人。

4. 各客式分菜。

此法适用于汤类、羹类、炖品或高档宴会分菜。它是厨房工作人员根据客人人数在厨房将汤、羹、冷菜或热菜等分成一人一份。服务员从主宾开始，按顺时针方向从客人右侧送上。

几类菜肴的分法及要领

1. 汤类菜肴。

一般是长把汤勺和筷子配合使用，注意汤和菜的数量搭配要均匀，一般要求盛至汤碗的八成。

2. 炒菜类菜肴。

一般是餐叉、餐勺搭配或筷子、餐勺搭配使用。

3. 造型菜肴。

如冬瓜，各菜系均有不同的做法。将冬瓜雕作菜肴的盛装"器皿"时，冬瓜不作食用。在分菜时，只需将冬瓜内的菜肴分光即可。将冬瓜入菜的菜肴，应先将冬瓜内的菜肴分完，然后按就餐人数用餐刀将冬瓜分切成所需份数给客人。

4. 拔丝类菜肴。

在分这类菜肴时应配凉开水，先按客人人数将餐碟排放到转盘上，用筷子夹上菜肴迅速在凉开水中浸一下，放入客人的盘碟中。动作要利索、敏捷，把菜夹起拉丝泡过凉开水后，迅速分到餐碟里。

5. 分鱼。

各地分鱼方法不尽相同。通常要经过切—拔—剔—分几个步骤。一般可用左手握餐叉将鱼头固定，右手用餐刀从鱼中骨由头顺切至鱼尾，然后，将切开的鱼肉分向两侧脱离鱼骨。待鱼骨露出后，将餐刀横于鱼骨与鱼肉之间，刀刃向鱼头，由鱼尾向鱼头处将鱼骨与鱼肉切开。当骨、肉分离后，用刀、叉轻轻将鱼骨托起放于鱼盘靠桌心一侧的盘边外，再将上片鱼肉与下片鱼肉吻合，使之仍呈一整鱼状（无头尾）。同时餐叉与餐刀配合，将鱼肉切成10等份（按10人标准），并用餐叉、餐勺将鱼肉分别盛于餐碟中送给客人。干烧鱼、油浸鱼与清蒸鱼步骤相同。

上菜、分菜服务细节

1. 客人离席或敬酒时应主动拉椅。

2. 如果有两个服务员同时为一台客人服务，不应在客人的左右同时服务，令客人左右为难，应讲究次序。

3. 动作不要求快，将物品堆积于工作台而疏于清理，不利于提高工作效率。每次撤出骨碟时，应先将脏物杂物清理掉。

4. 用托盘收撤的餐具，如有脏物，每次撤出骨碟时，应先将骨碟对倒在另一只骨碟上，其他骨碟方可叠起，收撤餐具时无论客人碟里是否有剩菜均应示意后再收。取骨碟、换骨碟要轻拿轻放。

5. 如客人挡住去路或妨碍工作，应礼貌地说"请让一让，谢谢""劳驾""借光"等礼貌用语。不能粗鲁地越过客人取物或从客人身边挤过。

6. 上菜报菜名，声音要适度，让客人听清为宜。分鸡、鱼等不能只分一部位给客人，要均匀搭配。一次分不完的菜式或汤，要主动分第二次。

7. 分完菜或汤后，应将菜递到客人面前，并做手势示意客人请用。

8. 分给客人的菜碟上切忌有汁，否则给客人留下不好的印象。

9. 分完一道菜后，应抓紧时间做斟酒、换烟灰缸、收拾工作台等工作，不能一味站着等下一道菜。服务员之间要配合默契，有整体意识，如A、B服务员，当A在上菜报菜名时，B不应站在A的背后，而是应主动巡视客人台面情况或斟酒水。

第二十二节
岗位服务技能培训

餐饮岗位服务技能培训是一门综合性的技术工作，要搞好服务工作，学好服务技能，必须先练好基本功。餐饮服务技能的基本功可分为摆台、端送、走步、结账和撤台5个部分。

一、摆台

摆台是服务工作的一项主要内容，它包括席位安排、餐具摆放和酒菜上法3个方面。

席位的安排：

主要是指各种宴席的席位安排，如果接待的是散客，则不存在这个问题。

1. 首席与首位的安排。

席位的安排应首先确定首席和首位，一般说对着宴会的席位为首席，每张餐桌与席口相对位置为首位。

2. 主宾席位的安排。

席位的安排是一个复杂的问题，形式繁多，没有一个固定的模式，一般来说，在安排席位时应考虑到以下几个方面的因素：

（1）宴会的性质：

如大宴（国宴）、涉外宴、便宴或家宴等。

（2）宴会的形式：

如晚宴、午宴、酒会、菜会、便餐等。

（3）身份、宾客职务和级别。

（4）宾客的风俗习惯、特点。

（5）桌面的形状：如圆桌、方桌等。

按照目前国际上的惯例以及我国现代礼节，桌次的高低依距首席位置的远近而定，同一桌上，席位的高低则以离首位的远近而定。如果是两桌以上的宴会，其他桌上的首位可以与首席方向相同，也可以面对首席的位置。宾主职务、级别对等，左主、右宾，如夫人出席，主宾夫人坐在女主人右上方；而西方习惯则是男女穿插安排，以女主人为主，主宾在女人右上方，主宾夫人在男主人右上方。在排席位时，还应该依照先上后下、先右后左、先女后男的顺序，先上后下与席口先对一侧的半圆为止，席口一侧的半圆先女宾后男宾，带夫人参加宴会或其他女宾客参加时，应先安排入席，男士后坐。倒菜斟酒、递毛巾时均应先给夫人和女宾。

餐具摆放：

分为便餐餐具摆放和宴会餐具摆放。

1. 便餐餐具的摆放。

醋酱壶摆在席口处，一般为左酱右醋（以服务员为准），壶嘴斜向主人，不能正对着客人。骨碟摆在餐桌正前方距边3厘米处。汤勺摆在筷子的右侧，每把距桌3厘米左右。短把汤勺和金属勺可以放在碟内，把朝左。筷子放在勺子的右侧，两根并齐，筷子大头距离桌边2厘米，放在碟的上面。如果同时饮用多种酒，其摆放顺序为从左至右、从高到低。

骨碟离桌边2厘米，味碟在骨碟正前方1厘米，左上方角度约45°放汤碗勺，并将汤勺放在汤碗里。放汤勺时应按顺时针方向。筷架应放在味碟的右边大约1厘米，筷架应与开口的中心成一线。在味碟的上方放红酒杯，大约1厘米。红酒杯的左边1厘米摆直口杯，红酒杯的右边大约1厘米摆白酒酒杯。香巾碟放在茶碗的上方大约2厘米。烟灰缸应放4个，放在主人和主宾之间，离桌面约4厘米。公用勺和公用筷应放在公用碟上，放在主人面前。牙签筒应放在离主宾近的位置。餐具摆放的位置应紧凑、美观、大方，其摆放顺序为从左到右、从高到低，啤酒杯、白酒杯摆成一字形或三角形均可。

2. 宴席餐具的摆放。

宴席餐具的摆放要求严格，既要美观、实用、文明，又要具有艺术性。

（1）摆台的常见方法：

①中式摆台。

②西式摆台。

（2）摆台前的准备：

骨碟、汤碗、味碟、筷子、筷架、茶碟、茶碗、香巾碟、烟灰缸、牙签筒、三套杯、公用勺、公用筷等。

（3）摆台注意事项：

①一般用托盘摆台（托盘必须要干净、台布要美观大方）。

②摆台理盘要有顺序。

③摆台时要准确迅速。

④摆台时要轻拿轻放。

⑤摆台时要上铺下摆。

⑥检查餐具是否有破损，图案是否一致。

二、端送

1. 端托盘。托盘是餐饮服务员进行服务时不能离开的一种工具，它具有容量大、速度快、方便安全、卫生等特点，包括不锈钢、焦木、木质、塑料等材质。酒店常用的有不锈钢、焦木两种。托盘分为不同的规格品种，有不同的用途。从规格来说，分为大、中、小，有"圆托""方托""长方托"。托盘必须是干净的或上面铺上干净的垫布；可分轻托（又称"胸前托"）、"重托"、"肩上托"。

2. 装盘。又叫理盘、摆盘，一般要求是重的、高的后用物品摆在里档，若轻重倒置，则会使托盘上的物品因失重而向外翻倾。端盘一律用左手，其具体方法是：左手弯曲、掌心向上、五指分开。托在盘的中间部位上（掌心不要贴于盘底），使手指、手掌和手腕同时受力，平托于胸前。托盘端起后不要伸出太远，也不要贴在胸前，以距离胸部15厘米为宜。端托盘行走时，肩要平、脚要轻，并且稳准快，左手要随着步子自然地做小幅度的摆动。从托盘上取物品，要先从两边交替取出，而且端盘的左手要随着盘上重量的变化轻缓移动，以保持托盘的平衡。

三、走步

这里说的"走"，是指服务员在服务过程中端拿饭菜走路的方法与姿势，正确运用技巧，可以在繁忙的工作情况下提高效率，免出差错。

1. 常步。在厅内不拥挤的情况下，走路方法要求步距均匀、快慢适当、节奏适中。

2. 慢步（也称小步、碎步）。端菜汤或托盘多用这种方法，要求步子小，速度稍慢，保持身体平衡，上下前后波动小，目视前方，保证汤菜不颠不洒。

3. 快步（疾步）。快步是端火候菜时急行的步法，有的菜做时要快做，上时要快上，吃时要快吃，如拔丝类的菜。因此，需要用快步时，要求步幅稍大，速度较快，但不能连跑带颠，否则既不雅观，又容易碰撞人。

4. 垫步。按服务员工作的实际要求，服务员端菜上桌前应稍停，先和客人打招呼，说"菜来了""慢回身"等，然后上半步。在工作中常常碰到这种现象，迈一步会靠上桌子，不迈步又离桌子太远（一般要求离桌子半步为宜），因而要利用垫步的方法来解决。

5. 巧步。服务员端菜上饭时，对面突然走来顾客或遇到其他障碍时所用的步子，此时应一手端菜、一手护菜，灵活躲闪。这种走法不固定，随机应变，以防止发生冲撞。

总之，端菜行走，要举止大方、姿态端庄、步法轻快，上身要稳定、下身要紧，脚步稳健、动作敏捷，不能任意而行。

四、结账

带客人到吧台结账，要求短、快、准，交代清楚，不出差错。

1. 要弄清楚是哪些客人付账。

2. 要清楚客人所坐的席号和人数。

3. 要弄清楚客人所用的食品、饮料的数量。

4. 要弄清楚客人用的食品、饮料的价格。

5. 要出一张清楚、统一的账单。

6. 收钱、找钱要清楚，结完后要核对一次，以防发生错误。

五、撤台

撤台是顾客吃完了饭以后撤盘、收碗的结束工作。在撤台时应注意几个基本的要求：

1. 不能损坏餐具。

2. 为下一个工序创造条件，在撤台当中，应撤酒具、撤小件餐具，然后撤盘。一定要小碗压大碗，条盘不能压在圆盘上，否则容易损坏餐具。

3. 收盘时，要把剩汤统一用一个汤盘或者大碗装起来，以免每一个碗盘底下都沾上油腻，给洗碗造成困难。

4. 酒杯、小汤勺要另外收起。

5. 服务员在洗涤消毒时不要倚靠厨房，以免再费时费工去清理。

6. 有的酒店有专门洗涤员负责清洗、刷、消毒，撤台后应及时送去，以免耽误餐具周转使用。

第二十三节·
前厅餐桌服务

一、什么是前厅部

1. 前厅是酒店的门面。

2. 前厅是酒店的窗口。

3. 前厅是酒店的信息中心。

4. 前厅是酒店管理机制的代表。

二、怎样订台

1. 了解客人的风俗习惯。

2. 了解客人的生活忌讳和爱好。

3. 了解客人的进餐方式。

三、前厅服务八知道

1. 知道客人的身份。

2. 知道宴会的标准。

3. 知道被请对象。

4. 知道开餐时间。

5. 知道菜式的品种。

6. 知道客人联系方式。

7. 知道结账方式。

8. 知道客人的单位及身份。

四、点菜的基本知识

1. 了解菜肴的做法及特点。

2. 了解当天的菜肴品名。

3. 注意菜肴的颜色、荤素搭配。

4. 注意做法的搭配。

5. 注意原材料的搭配。

6. 注意点菜量。

7. 要注意先后顺序：凉菜、热菜、主食。热菜包括汤，主食包括面点。

8. 客人的特殊要求要在菜单上注明，并通知后厨。

五、何种情况下才能取消菜式

1. 食物变质。

2. 食物不卫生。

3. 食物的味道不对。

4. 斤两不对。

5. 时间长短不对。

6. 客人临时改变主意。

六、菜式的标准与餐前准备

1. 服务员必须熟练掌握菜单，熟记主要菜的风味名称、特点、烹饪方法和菜品典故，便于开餐前向客人介绍。

2. 拉椅让座，准备菜单、茶水，为客人斟茶、铺口布，根据人数添或撤餐具，然后上餐巾纸。

3. 打开酒水，准备为客人斟酒。

4. 用餐期间，随时为客人添茶水、斟酒，清理台面，更换骨碟。

七、送客

客人离开时应为客人拉椅送客，并且用文明敬语："先生您慢走""各位领导慢走""欢迎下次光临"或"请对我们酒店菜肴提出宝贵意见"等等。

八、发现客人未结账离开酒店怎么办

1. 礼貌地小声说:"请您补付餐费"。或者说:"先生(美女),您还没有结账呢。"

2. 如客人与客人的朋友站在一起,请客人站在一边再将情况说明,这是照顾主人的面子,使客人不至于难堪。

九、客人私带物品要求酒店加工怎么办

1. 尽量满足客人的要求,然后向客人说明餐厅的规定。

2. 适当地收取加工费,同时要当着客人的面,检查食品的质量。

十、客人在包间丢了东西怎么办

首先帮助客人寻找,如果没有找到,应向客人致歉,并向客人留下联系方式和地址,如果找到了及时送物上门。

十一、如果客人骂你怎么办

首先要对客人保持冷静,再向客人道歉,随后离开房间,调节情绪,总结工作经验,更好地为客人服务。

十二、客人打破东西怎么办

服务员应该说:"先生(女士),今天让您破费啦,这些需要加入您的餐费中。"

十三、当酒水洒在客人身上时怎么办

1. 表示歉意,并及时征得客人同意后擦拭衣服。如果

是女客人，应由女服务员来擦拭。

2. 根据弄脏程度及客人态度，主动向客人提出免费洗涤建议，并及时送还洗涤后的衣物并再次道歉。如果程度较轻，主管应为客人免费提供一些食品或饮料，以示补偿。

十四、服务中的语言技巧

当全桌客人夸你服务好的时候，你应该非常谦虚地说："得到您的夸奖，我感到非常荣幸，您的满意是我们的追求，这些都是我们应该做的，相信您的鼓励与赞美，会使我不断地进步，为您下次的光临，提供更好的服务。"当主人给主宾敬酒时，主宾没喝完，应该说："只要感情好，不在酒多少。"当主人、主宾都是常客，主宾不能喝酒，但主人又要面子，服务员应该趁机给主宾以水代酒。当服务员给主人倒酒比较少时，主宾说："服务员为什么没倒满？"你可以说："酒不倒满，幸福又美满。"在服务期间，请字当头，谢不离口。工作中要做到：口勤、眼勤、嘴勤、腿勤、手勤。

十五、如何向客人敬鱼头酒

1. 当你给主宾倒满酒的时候，主宾说："服务员，你给我倒这么满，我一端都洒了。"这时应该说："老总，酒满心诚，喝了这杯酒让您一路发着走，天有三宝日月星，人有三宝精气神。"还可以这样说："喝了这杯酒，友谊天长地久。"

2. 当客人让你喝酒时，这时你应该说："相信您是一个企业的老总，也不希望您的下属或员工犯错误，我们的老总和您是同样的心情，谢谢您的好意，我们上班不允许喝酒。"

十六、工作十条（"五心""五样"）：

五心：

1. 对老人有耐心。

2. 对残疾人要贴心。

3. 对小孩要细心。

4. 对一般客人要关心。

5. 接受意见要虚心。

五样：

1. 生人与熟人一样。

2. 本地人与外地人一样。

3. 消费高低一样。

4. 同胞与外国人一样。

5. 老幼病残与正常人一样。

十七、服务中注意事项

1. 在为客人倒茶水时，茶水八分满，白酒七分满，啤酒八分满二分沫。

2. 在为客人倒茶水、酒水时，应站在客人右侧，不能站在一处为两边客人斟酒、倒水。

3. 如果房间有烟雾，应打开窗户或点燃蜡烛。如房间有字画、典故之类，盯台员一定要了解，客人问时能流利回答。

4. 客人用餐中，如感到房间温度不适，盯台员应立即调节空调温度，并能熟练操作。

5. 在重要宴请中，当领导讲话时，盯台员应停止一切操作，并站在侧面，表情愉悦，注意每一位客人杯中是否有酒。

6. 在上菜时，首先应掌握菜品的落位，造型菜观赏面朝向主宾，注意图案的搭配，颜色、荤素的搭配，优质菜与一般菜的搭配。

7. 在撤菜时，应注意规范程序，不要打扰客人就餐，需要撤的菜就撤，一切工作按程序进行，在接待中要征求客人意见，不能自作主张。

8. 在分菜时，如分鸡、鸭、鱼时，头尾不分。分鸡时鸡翅分给主宾；分鱼时，鱼眼分给主宾，意为高看一眼。

9. 在撤换骨碟时，应注意掌握时机，留意骨头、鱼刺、虾皮、贝壳类或杂物等。

10. 在为客人点烟时，火苗调好，动作要迅速及时。

11. 在清理台面时，台面上的餐巾纸和其他杂物不能直接用手去取。

12. 当菜端错房间并上到了台面，盯台员应该用柔和的语言转告客人："很抱歉，我把您的这道菜弄错了。如果您喜欢的话，可以留下；您不喜欢的话，可以给您再调整。"

13. 当遇见价格贵的菜味道不好、不新鲜时，盯台员不能自作主张，私自撤掉菜品，应马上通知领班或经理，由管理人员来解决和处理。

14. 在服务中，遇到客人说话语气不好或发脾气，盯台员应首先保持镇静，不急不躁，不能与客人发生正面争吵，应马上离开房间并告诉领班或主管，调换另一位服务员进房间服务。

15. 在客人用餐结束要离开房间时，盯台员要马上检查房间内是否有客人遗留的物品，并提醒客人带好自己的随身物品。

16. 客人将要买单时，盯台员应把房间内没有打开的酒水、饮料退回吧台。账单打好时，要认真核对账单是否有误。

17. 迎接客人时，应走在前边，送客人时应走在客人后面。

十八、敬酒词

1. 鱼头一对，大富大贵；鱼头相连，好事连连。

2. 老乡见老乡，喝酒要喝双，喝酒要喝光。

3. 鱼头鱼尾，顺风顺水。

4. 鱼头鱼尾，十全十美。

5. 万物生长靠太阳，办事还要大家帮。

6. 鱼头一对，办事干脆。

7. 酒没倒满，幸福又美满。

8. 火车跑得快，全靠车头带。

9. 高官不如高薪，高薪不如高寿，高寿不如高兴。

10. 酒到福到。

11. 满地开花，富贵荣华。

12. 龙船龙头一对，荣华富贵。

13. 鲫鱼（抓住机遇，吉祥如意）。

14. 西服一穿，风度翩翩；领带一打，英俊潇洒。

15. 江中自有江中水，自爱水中鲈鱼美。

16. 贵人喝贵酒，贵人吃桂鱼。

17. 一心一意，一帆风顺；好事成双，两全其美；三星高照，三阳开泰；四季发财，四季平安，四通八达，四面八方；五谷丰登，五福临门；六六大顺。

十九、常识性语言

1. 当你给外地回来的客人敬酒时："今天为您接风洗尘，感到非常荣幸，俗话说'美不美，家乡水，亲不亲，家乡人'，代表大家把这杯酒给您端起来，可谓酒美人美家乡美。"

2. 当你上鱼头时，如果鱼头有点歪，主宾说没有对着他，可以这样说："回头一笑值千金，千金难买回头笑。"

二十、餐饮服务标准

1. 要树立服务第一、宾客至上的思想，关心集体，作风正派，工作勤奋，团结协作，努力学习业务技能，尽职尽责地做好自己的本职工作。

2. 按照服务标准流程，为宾客提供更好服务，不能与客人发生争吵。

3. 熟悉菜单、酒水单，积极向客人推销，结账要迅速准确、保证无误，客人提出的意见要及时向上反映。

4. 做好餐前各项准备工作，保持良好的仪容仪表。

5. 服务员在工作中要做到主动收取餐渣、主动询问、主动分汤。

6. 要有礼貌、懂礼节，做到笑脸相迎，"请"字当头，"谢"字紧跟。

7. 服务"四快""三勤""三轻"。

（1）四快：操作快、上菜快、走路快、眼快。

（2）三勤：勤巡台，勤斟酒倒水，勤换烟灰缸、骨碟。

（3）三轻：走路轻、说话轻、操作轻。

8. 卫生工作"三亮""三整洁""六无"。

（1）三亮：地板亮、玻璃窗户亮、三套杯亮。

（2）三整洁：餐具整洁、环境整洁、工作台整洁。

（3）六无：天花板无蜘蛛、室内无虫、地上无垃圾、餐具无积尘、四周无死角、房间无异味。

第二十四节
卫生与仪容仪表

餐厅个人卫生"八勤":

1. 勤洗手。

2. 勤洗澡。

3. 勤理发。

4. 勤剪指甲。

5. 勤洗衣服。

6. 勤晒被褥。

7. 勤换工作服。

8. 勤换工作帽。

工作卫生

1. 避免头发掉落在食品上。

2. 不能对着顾客打喷嚏、打哈欠,不能随地吐痰。

3. 手指不能接触食品以及杯口、筷子前端和容器的内部。

4. 使用的抹布、垫布每天要清洁干净,托盘器皿每天及时清理。

5. 不干净的台布及口布及时送回干洗。

6. 从餐盘里掉下来的食物不能给客人食用。

7. 不许随地丢弃废纸、茶水乱放。

8. 不同的食品不要随便混合,以免变味道。

9. 服务中如明知有带病者就餐,应对其使用的餐具单独清洗，重点消毒。

10. 在使用托盘时要做到手不离托。

11. 收餐时避免牙签、纸巾、残余食物掉在地上，以免不雅或增加清洁难度。

环境卫生

1. 餐厅内卫生要天天打扫，桌椅随时抹净。

2. 餐具的卫生要经过一洗、二涮、三冲、四消毒，保证餐具无油腻、无污渍、无水渍、无细菌。

3. 做到生与熟隔离、成品与半成品隔离、食物与杂物隔离、食品与天然冰隔离。

仪容仪表

1. 男员工头发后不过领、侧不过耳。

2. 女员工头发后不过肩、前不过眉，工装干净无破损、无丢扣，袜边不外露。

3. 微笑大方，目光平视。

4. 站姿正确，双肩水平一致，无小动作，走路不摇摆。

第二十五节
推销的意义、条件与注意事项

推销的意义

1. 良好的推销是优质服务的保证，可以提高客人对服务的评价，能给客人留下美好印象，提高酒店美誉度。

2. 良好的推销方法可以使宾客对餐饮有更多的了解，增加选菜的几率。

3. 良好的推销可以增加餐饮收入，提高营业额。

4. 良好的推销可以使自己有成就感，改变沉闷的情绪。

5. 良好的推销可以减少宾客投诉，建立良好的宾客关系。

推销应具备的条件

1. 了解酒店的一切资料，包括各部门的收费标准及服务内容。

2. 了解酒店的规则、服务设施及方位。

3. 熟悉自己的专业知识、服务技能，做到规范化、标准化。

4. 用心聆听宾客需要。

5. 鼓励顾客说出所需，通过与宾客的交谈沟通来达到目的。

6. 细致观察宾客举动。

推销应注意的事项

1. 了解客人姓名，用客人的姓＋先生或职务，适当地称呼客人，可以创造一种融洽的关系。

2. 用恰当的语言与客人交谈、服务及道别，让客人感觉与服务员之间不仅仅是一种销售关系，更是一种友情的服务与被服务关系。

3. 讲话的声音语调往往比讲话内容更重要，学会含蓄表达，顾客可以判断说话内容背后的东西，是欢迎还是不欢迎，是尊重还是不尊重。

4. 眼睛是心灵的窗户，当与客人眼光不期而遇时，不要回避也不要死盯客人，要通过恰当的眼神交流表示对客人的诚意。

5. 酒店的各部门都要实行站立式服务，站立的姿势可体现出你对客人的欢迎度。见到客人时应立刻站好，面带微笑，表示对客人欢迎，切忌背对客人。

6. 聆听是服务中与客人沟通的重要方式，学会聆听有助于更好地了解客人，提供优质的服务，在聆听客人讲话时切忌随意插话，以表示对客人的尊重。

7. 酒店是客人的家外之家，员工是酒店的主人，既要体现主人的盛情、热情，又要杜绝与客人的过分亲热，毕竟这种无形的服务不是私情和亲密。

服务小常识

如何判断主宾身份，确定正确的付款者？

一般来说付钱的应是下列人员：

1. 与服务员或值班人员接洽安排饭菜的人。

2. 与服务员或值班人员接洽安排进餐、就餐等张罗在先的人。

3. 集体就餐，与服务人员联络的人。

4. 让座、让菜而居次座的人。

5. 未婚青年男女中的男方。

6. 大人与小孩一起就餐中的大人。

7. 父母和孩子一起就餐，子为成年者，以子为主；子尚年幼者，以父母为主。

酒类小常识：

1. 区别酒的三种方法：

（1）酿酒的特点。

（2）酿酒的方法。

（3）酒精的度数。

2. 酒的种类及特点：

酒大致分为白酒、黄酒、啤酒、果酒和药酒五类，其特点如下。

【白酒】白酒的酒精度一般在35°～70°，酒体无色透明，原料多为小麦、高粱、玉米、豌豆等，通过蒸馏发酵产生。白酒有清香型、淡香型、浓香型、酱香型、米香型、混合型和奶香型等，确定白酒的好坏是以香味、滋味为标准，而不是度数的高低。

【红酒】红酒是葡萄酒的一种，并不一定特指红葡萄酒。红酒的成分相当简单，是经自然发酵酿造出来的果酒，含有最多的是葡萄汁。葡萄酒有许多分类方式，以成品颜色来说，可分为红葡萄酒、白葡萄酒及粉红葡萄酒三类。

其中红葡萄酒又可细分为干红葡萄酒、半干红葡萄酒、半甜红葡萄酒和甜红葡萄酒。白葡萄酒则细分为干白葡萄酒、半干白葡萄酒、半甜白葡萄酒和甜白葡萄酒。粉红葡萄酒也叫桃红酒、玫瑰红酒。杨梅酿制的叫作杨梅红酒。

【黄酒】黄酒的酒精度一般在12°～18°，因其色泽黄亮而得名。黄酒的主要原料是糯米、粳米或黄米（黍米）等，通过酒药、曲的糖化发酵，最后再经过压榨制成，属于一种低度的发酵原酒。

【啤酒】啤酒的酒精度一般在2°～9°，也有10°至20°的高酒精度啤酒，颜色多为棕黄色或黑色，也有颜色透明的啤酒，其原料多为麦芽、水、酒花、酵母等，经过发酵、分离、冷却产生。

【果酒】果酒的酒精度一般在8°～22°，颜色根据水果种类各不相同，多经过果实榨汁、发酵和陈酿而成。

【药酒】药酒是将药材置于白酒中浸泡而来，酒精度根据浸泡的白酒度数而定，比起白酒，其酒性更为温和，味辛而苦甘，有温通血脉、宣散药力、温暖肠胃、祛散风寒、振奋阳气、消除疲劳等作用。

第二十六节
餐厅服务质量标准

1. 设立餐厅领位、传菜岗，并保持有岗、有人、有服务，服务规范，程序完善。

2. 上岗的服务人员做到仪容端庄，仪表整洁。

3. 开好班前会，接受上岗检查，明确分工，了解当班宴会、酒会、会议及日常营业情况。

4. 用规范用语做好菜品、酒水的推销和介绍。

5. 各式中餐宴会点菜，按照铺台规范进行铺台，台椅横竖对齐或成图案形，铺台前清洗双手避免污染餐具。

6. 严格执行使用托盘服务，保持托盘无油腻。

7. 上每一道菜都要向客人报菜名。

8. 餐间服务要自始至终按流程做好斟酒、派菜、换盘等服务。

9. 客人就餐过程中要坚持勤观察、勤服务，及时提供各种小服务。

10. 按中餐式的上菜顺序上菜，送菜无差错。

11. 规范点菜服务，第一道菜上菜离点菜时间不得超过15分钟（客人要求规定时间上菜的情况除外）。

12. 桌上烟灰缸内的烟头不超过3个，按操作流程规定更换烟灰缸。

13. 为不吸烟客人设立无烟区座，桌上立有标志。

14. 上菜、上汤、上饭时，指头不能接触食物，汤水不外溢。

15. 收款用收银夹，请客人核对账单或找零，准确无差错，收款后向客人道谢。

16. 客人用餐结束要主动征求意见，并表示道谢和欢迎下次光临。

17. 及时对餐厅内顾客填写过的意见征求表进行回收。

18. 保持餐厅候梯厅、走廊过道、存衣处等公共场所干净、无浮灰、无脏迹。

19. 保持卫生清洁和门窗光亮，地板、地毯、墙面、天花板等处无积灰、无"四害"、无蜘蛛网。

20. 保持花木、盆景的清洁，确保无浮灰、无垃圾、无烟头和枯叶。

21. 保持艺术挂件完好，挂放端正、无浮灰、无污迹。

22. 保持空调出风口干净、无积灰、无霉迹。

23. 保持餐具、水杯、酒杯的清洁完好，工作台内摆放整齐。

24. 保持椅子、工作台、转盘的清洁，所有餐具、水杯、酒杯必须严格清洗消毒，并做到无手纹、无水渍、无脏痕、无缺口、无裂缝。

25. 保持调品器皿的清洁完好，做到无滴渍、无脏痕、无缺口，内装的调料不变质、不发霉。

26. 保持台号、菜单的清洁完好，确保无污渍、无油腻、无垃圾，工作间内摆放整齐，做到随手关门。

27. 保持台布、口巾的清洁完好，熨烫平整，无污渍、无褶皱、无破损、无涂改。

28. 保持工作间、工作台、工作车的干净清洁，做到无油腻、无垃圾。

第二十七节
"六常"管理法

"六常"就是常分类、常整理、常清洁、常维护、常规范、常教育。

（1）常分类。就是把酒店管理的所有物品分成两类，一类是不再用的，另一类是还要用的。

（2）常整理。就是把不用的物品清理掉，把还要用的物品数量降到最低安全用量，然后摆放井然有序，贴上一目了然的标签。

（3）常清洁。就是整理完了就要给物品设施做清洁工作。

（4）常维护。就是对前面"三常"的成果进行常维护。维护"三常"的最好办法就是做到不用分类的分类，不用整理的整理，不用清洁的清洁。

（5）常规范。就是把员工的一切行为规范起来。

（6）常教育。就是通过批评教育，使全体员工养成"六常"习惯。

第二十八节
"六常"管理法的好处

1. 节约员工时间成本，提高员工效率。员工需要花费大量时间寻找自己所需要的东西，工作效率低，实施"六常"管理，由于物品分类存放同时有标记、有存量，员工可以在井然有序的货架上很快找到所需物品，大大节约时间成本，提高工作效率。

2. 降低库存量，减少物品积压。在日常工作中，经常出现为了找一样东西要翻大半个仓库的现象，有的东西明明在账簿上有但就是找不到，等到不用的时候又出来了，导致物品重复申购、无限申购，造成物品的闲置、资金的积压，不利于财务管理。建议仓库从分类、整理开始，妥善处理，该卖的卖，物品分门别类存放，做到每一件物品有家、有名、有存量。

3. 提高管理意识，树好第一印象。如果客人进入酒店，看到各处井井有条，就会觉得酒店管理到位，从而产生信任感。

4. 管理理念：微笑时常化、诚信永久化、管理制度化、质量标准化、奖罚具体化、考核经常化、教育潜移化、相处人性化。

5. 管理风格：严中有情、严暖结合。

6. 管理方针：高起点、高标准、高效率。严谨的制度、严格的管理、严明的纪律、细致的思想工作、细致的服务理念、细密的工作计划以及检查标准。

7. 布置工作要落实、开展工作要扎实、反映情况要真实。

第二十九节
餐饮管理"八管八常"

酒店管理是为了实现经营活动的目标，通过计划、组织、实施、控制等手段，协调组织机构内的人员及其他资源，以达到高效率运作的一项综合性工作。管理到位，则是饭店管理绩效的重要体现。

餐饮经营业务存在环节多、随意性强、手工操作量比较大等特点，管理难度也大，稍有不慎，就会直接影响企业的经营和利润。这一点，餐饮业的经营者和管理者都存在普遍的认知。正因为酒店管理是琐碎管理工作的大集合，所以为了保证每个环节的正常运作，必须采取行之有效的管理方法与管理体系来进行管理。而餐饮业"八管八常"法的诞生，也从根本上杜绝了这些问题的出现。"八管八常"法结合中餐业的特性及弊端，极具针对性地开出"药方"，对改善餐饮业的现状具有重要借鉴意义。

饭店经营的好坏是由许多因素决定的，从总体上来说，环境因素、服务因素、宣传因素、反馈因素、管理因素等对饭店的经营起着至关重要的作用。

八 管

餐饮业是服务性的行业，服务就是酒店的生命线。其质量的优劣，反映出一家酒店管理水平的高低。管理是一种群体文化，只有充分调动员工参与管理的积极性，增强凝聚力，才会达到好的管理效果。管理主题包括以下方面：

1. 环境管理

任何事物都是内因、外因共同作用的结果，餐饮业也不例外。其中，环境因素是影响餐饮业经营成功的外部因素，它对餐饮业经营的成功与否起着非常重要的作用。有效地进行经营环境、营运设施与设备的管理，无疑能更好地提高顾客满意度，并能大大降低经营成本。

2. 卫生管理

环境的卫生与否，直接关系到消费者的感观接受度。餐饮业这个传统行业中，顾客满意与否直接关系到顾客的多少，影响到营业额的多少。实现经营环节上的分区管理，在经营环境上做到专人专管，以现有的工作人员来完成环境卫生上的包干，创造出优良洁净的就餐环境，进行更加有效、更加科学、更加规范和更加条理化的管理势在必行。

3. 员工管理

现如今，餐饮业竞争激烈，各种规模、各种档次的餐厅如雨后春笋般出现。如何在这个行业中博得一席之地，在竞争中脱颖而出，在经营中出奇制胜，这些问题归根到底在于人。实际上，餐饮业的竞争和很多企业一样，最终是人才的竞争。如何引进人才、发现人才、培养人才，并在经营中更好地利用人才，这是经营者需要学习和掌握的一个课题。培养员工的积极性、自主性和创新能力，并能很好地规范员工行为，合理进行劳力分配，这就是员工管理的范畴。毕竟，在经营环节中，人力资源是一个很大的经营成本，马虎不得，也浪费不得。

4. 服务管理

在餐饮服务中，一名优秀的员工，不仅仅是在进行服务，同时也是在创造价值，而越优秀的员工，创造的价值也就越大。餐饮业的服务，并不单纯指酒店的服务员对消费者进行的服务，而是一个广泛的范畴，来自于饭店的每一个层面，只在于对象的不同而已。所以，在饭店的经营过程中，我们要做的就是提高服务人员的素质，培养服务人员的服务意识，提高服务人员的专业技能和知识，只有这样才能在日常的经营中，不断地提高消费者满意度。

5. 菜品管理

评价餐饮产品，也就是菜品的质量，传统的方法是从色、香、味、形、质、器、营养方面判断。在酒店的实际运作过程中，经营者必须认真对待顾客的评价，任何一种产品，只有得到顾客的认同与称赞，那才是真正的质量，"食无定味，适口为珍"是最普通的道理。现如今的餐饮业，已从传统菜品质量的竞争转化为多元化的竞争，吃文化、吃格调、吃档次、吃品位等等，不一而足。当然，无论采取何种经营手段，菜品都是根本，菜品管理的最终目的，就是为了实现菜肴出品的规范化、条理化和艺术化。

6. 成本管理

很多饭店，看似生意不错，顾客盈门，但实际上利润率却不高，就是因为在成本控制上没有做好。综合来说，食品成本、人力报酬、设备配置，水、电、气使用，食品的加工，餐具、用具、用品的使用和损耗等等，凡涉及成本的任何环节，管理人员均应给予重视，没有做到，那就会提高经营成本，大大降低盈利收入。

7. 宾客管理

餐饮业与其他行业不同，它是将顾客吸引到酒店来消费，而不是将产品从生产地向顾客消费地输送。所以，顾客是核心，所有部门的工作皆要围绕这一重点进行。很多餐饮经营者意识到宾客管理和维护的重要性，他们编排记录和存留了宾客资料，并在生日时送上祝福、节日时发去问候等等，以期望能提高顾客的满意度。

8. 发展管理

管理保证经营，经营获取利润，利润产生资金，资金促进发展，这是一个循环链。如何制订有效的发展计划，进行有效的市场定位，采取有效的营销方案，并有效地加以实施，这是餐饮企业从上到下所有人员工作的重点和根本。纵观所有经营成功的餐饮企业，能注重这些方面管理的，无不都是餐饮业的佼佼者。

八 常

八常法是用来维持饭店品质环境的一种有效方法，是一种能协助餐饮企业建立持续改善经营现状及良好品质环境的运营手段，是一种低成本管理模式，能有效帮助企业资源增值、开源节流，更能改善餐饮企业产品及服务的安全、卫生、品质、效率、形象，增强竞争力和市场拓展力。它不但可以改善工作环境，更可以提高员工的思想觉悟，使员工养成良好的习惯及自律性。

1. 日常用品常整理

任意安排常用物品的存放会降低工作效率，饭店日常经营中，用具乱拿乱放，需要使用时却无从寻找，会造成操作效率低下。所以，日常用品常整理、常归类，科学存放和管理，何处索取、何处归还，这是提高工作效率、减少操作环节的不二法门。比如各种不常用的分杯、冰桶、蟹钳，部分不常用的调料及用品的定点存放等，要保证需要用时，能第一时间找到并进行使用。

2. 经营秩序常整顿

没有规矩，不成方圆。在饭店的日常经营中，员工需要明确目标，全力维护经营。

管理人员要明确管理环节中的经营秩序、员工的行事准则以及在一定范围内规范员工行为，使整个经营秩序得以正常的运转。好秩序的建立，需要全体员工的参与和珍惜（时时常提醒，参照员工手册来行事，不做出格事）。

3. 营业环境常清洁

整洁、卫生的经营环境是提高顾客满意度的前提。环境的常清洁，需要上上下下全体员工共同保持和监督。同时，每一个人都要秉持以下理念：

（1）我不会使物品变脏。

（2）我不会随地乱弃物。

（3）我会清理地上杂物。

（4）我会维护物品秩序。

（5）我会时刻保持卫生整洁。

4. 经营设施常维护

经营设施的维护是保障经营秩序正常运作的前提。正常的营运设施维护（如空调、排风扇、换气扇等等大件设施的定期维护）也是降低经营成本，延长其使用寿命的有效手段。

5. 营运设备常安全

专人专管，保障营运设备的正常和安全使用，配合其他职能部门来保障经营场所设备的完善和安全（照明灯具的更换，消防栓的检查，一切可能会因质量产生问题威胁顾客安全的设备），为顾客提供最安全优质的进餐环境。

6. 经营成本常节约

中餐业是个浪费较严重的行业。浪费意味着经营成本会增加，要培养员工良好的习惯，养成节俭的意识，树立省钱就是赚钱的理念。提倡员工做到以下几点：

（1）我不会浪费粮食。

（2）我会随手关灯、关空调。

（3）我不使用长流水，随时开、随时关。

（4）我会回收可循环利用的物品。

（5）我不随便使用和浪费饭店的经营物品。

7. 企业员工常自律

（1）以身作则

①管理层身体力行，指导及实践八常。

②履行个人职责，遵守员工守则。

（2）团队精神

①互相帮助，互相提示，共同进步。

②多鼓励，加强正面引导。

（3）持之以恒

①每天切实执行"八常"。

②将"八常"作为日常生活的好习惯。

8. 规范学习常进步

企业的发展离不开员工的辛勤工作，企业更应该把以人为本的理念贯彻落实，而酒店业工作人员的管理，主要体现在以下几个方面：

（1）完善岗位设置，规范员工专业技能培训及管理，达到全员进步的目的。

（2）规范员工行为，促进员工思想进步。

（3）加强员工培训，提升员工技能。

（4）强化员工工作意识，提升管理水平。

第三十节
如何实现管理到位

管理到位，既有管理者自身的权威问题，也有被管理者对上司的认同问题，还有管理体制的制约问题，这不是单方面通过管理者个人的意愿就实现的，而是通过群体的相互作用、机构的高效运行、员工积极性的发挥以及凝聚力的增强来达到的。

1. 实现组织交给的目标是管理到位的最终结果。

在管理过程中，管理者面临各种问题：市场的激烈竞

出品九不传

一、套装器皿不齐不传

二、跟单不符不传

三、盘饰不符不传

四、份量不对不传

五、颜色不对不传

六、热度不够不传

七、卫生不符不传

八、发现异物不传

九、小料没跟不传

争、设备的老化、资金的不足、员工的抱怨、部门之间的矛盾、客人的投诉等，在困难和问题面前是畏缩不前、被动等待，还是主动想办法去解决，这是管理者工作态度的不同表现。说得再多，问题没有解决，工作目标没有实现，就不能说是管理到位。

2. 建立一套行之有效的管理规章、工作程序和标准是管理到位的保证。没有规矩不成方圆，规章、标准是管理的依据，任何管理者和员工无一例外必须自觉执行，这就保证了管理的到位。

3. 能够发现问题和解决问题是管理者能力的体现。一个好的管理者应通过相关途径随时了解下属的动态，知道下边发生了什么事并能帮助、指导员工去解决问题。解决问题一要公正、客观，二要及时、有效，三要严格管理，对事不对人。

4. 预前控制是管理到位的有效方法。预前控制是管理手段，也是实现管理到位的有效途径。管理到位很重要的一点是管理者能把酒店管理和服务中错综复杂的问题在发生之前有预见，胸中有数，做到事前、事中、事后控制，及时地调整和纠正偏差，向制订的目标奋进。

5. 调动员工的积极性是实现管理到位的重要手段。管理到位是全员参与过程，只有全体员工的积极性调动起来，有了共同的愿景，从利益共同体变成命运共同体，员工才会爱企业，并自愿为之努力工作。这样，管理就容易到位。

6. 敢于承担责任，关键时刻上得去，是管理者在管理到位中的作用体现。当自己分管的部门出现问题时，管理者不是推卸、指责和埋怨，而是主动承担责任，从自身的管理中去寻找原因，这自然会给员工一种积极的力量。关键时刻上得去，是指在工作需要的时候，管理者能走在员工的前边，有主见、妥善地解决问题，这既说明管理者能发挥以身作则的作用，又能体现管理者的能力。

7. 讲究管理艺术，提高领导水平，是管理到位的核心。靠规章管理是简单的管理，但让被管理者心服则不易。这就要求管理者除了自身品德、业务素质过硬外，还得掌握管理的技巧和方法，用不同的领导方法去处理事、管理人；善于调动人的积极性；加强督导，掌握培训技术，提高培训的能力。要想在管理上获得突破，先得有规则，并把规则运用于日常工作的管理，使之形成有效的循环后，才能去谈管理艺术和提高领导水平。

总之，能有效地实现管理目标，让员工发自内心地佩服你，管理才能真正到位。

第三十一节
语言交谈的礼仪以及语言艺术

1. 交谈是人们沟通信息、增进了解、交流思想和表达感情最直接、最快捷的途径

中国人讲究"听其言，观其行"。在人际交往中，不注意交谈的礼仪规范，如用错一个词、多说一句话或不注意词语的感情色彩等，很有可能导致交往失败或影响人际关系。所以，在交谈中要遵从一定的礼仪规范，注重礼仪。

2. 创造良好的交谈氛围

人的交际活动存在于一定的环境和氛围之中，谈话气氛和谐与否，会直接影响谈话的效果。创造一个愉快、融洽的谈话气氛，舒适、安静、整洁的环境，对交谈氛围的形成是有益的。一般情况下，谈话的参与者要主动、积极地适应环境。如有可能，应提前布置交谈环境。例如，办公室、会客厅、客房等处，在交谈开始前应进行整理，根据谈话的主题安排灯光、摆设等。

3. 态度要诚恳

交谈的主体是人。交谈参与者的态度、心情和仪态，对交谈氛围的影响是至关重要的。进行交谈时，态度要认真、诚恳。这不仅是尊重他人，更重要的是只有在双方认真的交谈中寻找到共同点之后，了解才有可能深入。比如，一方娓娓而谈，另一方则心不在焉，或翻阅书报，或看表、打呵欠，正常的交流很快就会中止。

4. 寒暄要热情大方

交谈一般是从问候与寒暄开始的。成功的寒暄，可以迅速缩短双方之间的感情距离，调节气氛、增进交流。

5. 距离要适中

无论两人交谈还是多人交谈，交谈距离以能够较容易地听清

谈话的内容为宜。盲目接近，会使谈话者心理上感到压抑或局促不安，进而破坏谈话的气氛。

■ 6. 选择恰当的交谈内容

交谈是信息双向流动的过程，只有交谈双方找到一个共同的话题时，才能使谈话趋向成功。选择交谈话题与内容的最基本标准，就是双方都感兴趣。因此，对交谈内容的选择，应注意以下几点：

（1）避免以自我为话题中心或沉默寡言。

交谈时最忌讳一方自以为是、夸夸其谈、炫耀自己，完全忽视他人。如果听者始终找不到机会参与谈话，心理上就会产生抵触情绪，交谈便会中止。为了促进双方的沟通，在谈话中应尽量使对方多开口，借以了解对方，挖掘双方的共同点，找出双方共同的话题。

与自吹自擂相反，有些人因为性格内向或缺乏自信，交谈中往往沉默寡言，很少说话，使对方听不到有关的意见与看法，结果使交谈陷入僵局，引起所有参与者的不悦。因此，在交谈时既不能一个人垄断话题，也不要放弃谈话的机会。

（2）谈论对方感兴趣的内容。

在交谈中，应随时注意对方的反应，观察对方的表情、身体语言，判断其对谈话的关注程度，并经常征询对方的意见，给予对方谈话的机会。一旦发现对方对话题不感兴趣，应立即停住并转移话题，调整谈话的内容和方式。交谈中不要涉及个人隐私、敏感问题，否则谈话会陷入难堪的局面。

（3）谈吐要文雅，使用礼貌用语。

话题应尽量避开粗俗的内容，如黄色内容、讹传谣言等，也不要使用粗俗或不雅的口头语。这些会使人感到格调低下。交谈中应使用文明的语言，谈论健康的话题。

（4）谈话内容应以友好为原则。

在交谈中，交谈双方可能会因对问题的不同看法而发生争论。有时争论是有益的，但争论也容易导致友谊破裂、关系中断。因此，应防止或避免无意义的争论，尤其是不冷静的争论。一旦争执起来，如果对方无礼，不要以牙还牙、出言不逊、恶语伤人，也不要旁敲侧击、冷嘲热讽，应宽容克制，尽可能地好言相劝，再寻找新的话题。

7. 聆听的艺术

交谈是一种交流思想、信息的双边或多边活动，交谈的过程是一个合作的过程。交谈的人不仅要讲，也需要听。

（1）在听别人说话时应该目视对方，以示专心。要真正了解对方，语言只传达了部分信息，还应注意说话者的神态、表情、姿态以及声调、语气等非语言符号的变化，以便全面、准确地了解对方的思想情感。同时，以有礼、专注的目光表示认真倾听，对说话者来说是一种尊重和鼓励，可以使他感觉到自己谈话的重要性和必要性。

（2）在交谈时，如果面无表情、目不转睛地盯着说话者，会使说话者怀疑自己的仪表或讲话有什么不妥之处而深感不安。因此，倾听者要与说话人交流目光，根据情况适当地点头、微笑、做手势或适时插入一点提问，以表示自己在注意倾听，形成心理上的某种默契，使谈话更为投机。

（3）不要随便打断别人的发言，即使不同意对方的观点，也要等对方讲完。在发现发言人因某一问题表述不清楚而感到拘束、不安时，倾听者可以简短插话，为对方"解围"，以引导对方继续讲下去。

（4）倾听时，可能会出现发言过长、乏味或发言内容不是自己兴趣所在的情形。此时，应当控制自己的情绪，不要表露出厌烦，也不可打断对方的发言，致使他人思路中断、意犹未尽，这也是一种不礼貌的表现。当然遇到这种情况，可以设法巧妙地转换话题。

8. 言辞礼貌，平等互敬

（1）谈话时，在心理上、语调上，都要体现出对对方人格的尊重，把对方作为平等的交流对象。

如果装腔作势、以势压人，这不仅不礼貌，而且会使对方产生反感。

在口头表达中，应尽量使用礼貌用语，谈到自己时要谦虚，谈到对方时应尊敬。运用敬语与自谦语能显示出个人的修养、风度和礼貌。敬语包含尊敬语、谦让语和敬重语三方面的基本内容。说话者直接表示自己对听者敬意的语言叫尊敬语；说话者自谦，直接表示自己对听者敬意的语言叫谦让语；说话者使用客气、礼貌的语言向听话者间接地表示敬意则叫敬重语。敬语的最大特点是彬彬有礼、热情又庄重，体现了对听者的敬重。使用敬语时，一定要注意时间、地点和场合，语调也要甜美、柔和。

（2）措辞准确，表达灵活。

在交谈中，如果词不达意、前言不搭后语很容易被人误解，达不到交际的目的。在语言的措辞上，要针对不同的对象、不同的性别和年龄、不同的场合灵活地使用不同的用语，以利于沟通和理解，从而避免矛盾的产生或使矛盾得到缓解。因此，表达思想感情时，应做到口音标准、吐字清晰，不要有无意义的体态或举动。说出的词句应符合规范，避免使用似是而非的语言。另外，应去掉过多的口头语，以免语句割断。其次，语句停顿要准确，思路要清晰，谈话要缓急有度，从而使交流活动畅通无阻。

在交谈中，灵活地使用谦谨语和委婉语是沟通思想感情、使交际活动顺利进行的有效手段。谦谨语是谦虚、友善的语言，它充分表现说话人对听话者的尊重，常常是以征询式、商量式的语气表达的。委婉语是用好听的、含蓄的、使人少受刺激的词来替代对方有可能忌讳的词语，以曲折的表达方式来提示双方都明白但又不必点明的事物。

（3）语言生动，机智幽默。

说话不仅是在交流信息，同时也是交流感情。许多复杂的情感往往通过不同语调、语速和语气表达出来。生动的语言能使气氛活跃、感情融洽。在交谈中要创造出一种和谐的信息交流的气氛，这就需要随机应变，凭借机智抛开或消除障碍。幽默是一种艺术，常被用于化解尴尬场面和增强语言的感染力。幽默中含有理解，幽默产生的诙谐情趣能使人感到轻松愉快，让人们在笑意中领悟真正的含义。当然，机智幽默不是耍小聪明或"卖嘴皮子"，它应使语言表达入情入理，体现一定的修养和素质。

（4）举止文雅，姿态得体。

在交谈过程中，谈话与举止相辅相成。一个具有良好修养和高雅气质的人，他的优秀的内在素质会通过仪态、举止显示出来。欲和别人谈话要先打招呼；有事要找正在谈话的人，不要打断，应等待他把话讲完；遇到有人想同自己谈话，可主动与人交谈；谈话中一度冷场，应设法使谈话继续下去；谈话进行中因故急需退场，应向在场者说明原因，表示歉意后方可离开。

在交谈中，要有得体的表情配合，适当的手势相辅助。手舞足蹈、举止轻狂或者唾液四溅等，都是极不礼貌的行为。所以，在谈话中，不应当有无意义的体态或举动，以免给人轻浮失礼之感。

第三十二节
礼貌用语及个人修养

一、称呼语

礼貌是文明服务的起码要求，是人与人在交流接触中，相互表示尊重和友好的行为规范。它体现了现代的风尚与人们的道德品质，体现了人们的文化层次和文明程度。对于酒店而言，它是酒店深层文化的重要表现，它同员工的知识结构、修养有着密切的关系。在酒店服务的过程中，遇到的第一个问题就是怎样得体地称呼别人，来表示出对他人的尊重。称呼语会随说话者之间的相互关系而变化。一般来说，称呼别人时态度要热情、谦恭有礼，用语要确切、亲切、真切，称呼时要主动、适当和大方。

称呼语主要包括尊称和泛称，尊称是指对客人尊敬的称呼，泛称是指对人一般的称呼。具体说，称呼的用词主要有敬称、谦称、美称、婉称等。

敬称

人称敬称。通常人称敬称有您、您老、您老人家等词，多用于对尊长、同辈的称呼，这些都表明说话者的客气与谦恭。

职业称谓。在比较正式的场合，习惯用于职业称谓，带有尊重对方职业和劳动之意，也暗示谈话与职业相关。此类称谓通常有师傅、大夫、医生等。具体称呼时，在这些表示职业的称谓前冠之以姓氏。

对职务显赫者、专业技术人员，在各种交际场所流行职务（职称）称谓，如书记、厂长、主任、主席、工程师、教授、经理等，并在前冠之以姓。还有"老板"一词，在市场经济中涉及各行各业，下属对上司称"老板"或"董事长"。

通称。对一般成年男子称"先生"，对已婚女子称"夫人"，对未婚或不明婚姻情况的女子称"女士、美女"，这些称呼也可以冠以姓名或职衔。

姓名称呼。通常在正式场合称呼比较熟悉的同辈为"老+姓"，对有地位的人、知识分子等老年男性称"姓+老"，长者对小辈称"小+姓"。

家属称谓。对别人家属的敬称，使用最广的是令、尊、贵、贤、台等敬词。如称对方父亲为"令尊"或"令尊大人"，其母亲为"令堂"或"令堂大人"，称其兄弟为"令兄"或"令弟"，称其妻为"贤内助"，称其子女为"令郎""令爱"等。

谦称

敬称是尊人，谦称是抑己，是表示对他人尊重的自谦词。

谦称自己。最常用的是我、我们。沿用古人的自谦有愚、鄙等，称自己的见解为"鄙见""愚见""随见"，称自己的作品为"拙著""拙文"，称自己的住房为"寒舍""斗室""陋室"。

谦称自己的家属。称呼比自己辈分高的或年岁大的亲属时，前面冠以"家"字，如"家父""家母"等；同辈冠以"愚"字，如"愚兄""愚弟"；小辈冠以"小"字，如"小儿""小女"等。

从儿辈称谓。从说话人的子女或孙辈角度来称呼听话人，如称呼幼儿园的女老师为"阿姨"等。

美称

美称多用于书面语，常以"贤"来构成，如"贤弟""贤侄""贤婿"等。美称对方的子女可用"公子""千金"。

婉称

一般用"阁下"尊称长者、有一定职衔者。

在人际交往中，应记住别人的名字。给人起绰号，不论公开或私下称呼都是非礼的行为。友人、恋人、夫妻间的昵称，在正式场合不宜称呼。此外，还应坚决杜绝对他人的蔑称、贬称。

恰当使用称呼，体现了社交中的基本礼貌与个人素质，是社交语中的"先行官"。

二、问候语

问候语，多用于相识者见面时互相致意，或者用于交谈的导入阶段。它可以打破双方的界限，缩短距离，是人际关系发生、发展的起点。中国传统的问候语，往往以对方现今状态为话题，如"还未休息啊""吃饭了吗""出去呀"等。现在比较通用的问候语有"您好""您早""早上好""下午好""晚上好""早安""晚安""见到您很高兴"等。

对熟悉的客人可以适当地寒暄。寒暄语类似问候语，语意内容相对来说更为具体。它经常是针对对方或环境作为交谈的开始，如"雨下得真大啊""很高兴认识您""今天天气不错""您气色很好""您是哪里人"等。在寒暄时，应当避免谈及对方的敏感问题，如婚姻、收入、个人经历等纯个人之间的话题。

问候语一般不强调具体内容，只表示一种礼貌。一般情况下，下级、年轻的、晚辈、学生、服务员应主动问候上级、年老的、长辈、老师、顾客等，被问候人要做出回应。

三、答谢语

在人与人的交往中，相互帮助和支持是高尚品德的反映，也是文明礼貌的具体表现。当接受他人的帮助或恩惠而表示口头上的谢意时，会使对方感到自己的行为已被认可，继而产生一种自豪感，为自己的行为与道德情操感到骄傲。

表达谢意必须心诚、清晰。"谢谢"是最简单、最直接的答谢语。说"谢谢"时，应当有明确的称呼，通过称呼被谢人的姓名，使道谢增强针对性。如果要谢几个人，最好是向他们一一道谢。在道谢中，应目视对方，面带微笑，目光诚恳。如果对方对道谢感到茫然，应当解释道谢的原因。为避免语言单调和谢意表达不深刻，可以根据具体情况适当地赞美和解释。

四、致歉语

在日常生活或工作中，如果自己的言行给他人带来麻烦和不便，或者在交往中言行举止有所失礼，应当立即向对方表示愧疚之情，并请求原谅与宽恕。这就涉及到致歉语或道歉语。

最基本的致歉语就是"对不起"，此外，常见的致歉语还有"请原谅""很抱歉""给您添麻烦了""请别介意""不好意思""实在过意不去"等。

运用致歉语，应当发自内心、抱有诚意。一旦出现过失，无论事情大小，都应从内心真正承认自己确实错了，并产生自责与愧疚之心。在致歉时，语调缓和、目光真诚、迅速及时表达歉意。切忌致歉时敷衍了事、口服心不服或者虚伪，那只会加深双方之间的不和谐与裂痕。其次，应当注意致歉适度、适中，致歉的目的是让人明白愧疚之意，从心里谅解和宽恕自己。因此，致歉时应注意对方的反应，不可以过分夸张，以免使人感到有失诚恳而不被人接受；也不可废话连篇或反复提出，以免引起更大的不快。

接受他人的致歉，应最大限度地坚持宽容理解的原则，以谦逊友好的态度应答，如"没关系""别客气""这算不了什么""您太在意了""哪里的话"等。

五、请求语

在生活或工作中，人们可能会有求于人。在请求、拜托他人时，礼貌用语显得尤其重要。

首先，应当明白求助者之间的尊卑关系。求人帮忙，要恰当使用敬语，以对方为尊贵，自己则态度谦卑、言辞恭敬。常用词语有"劳驾""拜托""请多关照""请您费心"等。

其次，应意识到自己的请求往往会给对方增加麻烦，使对方有所付出。因此，在请求以前应先致歉，如"对不起，请问""很抱歉，拜托您"等。请求时，语气应谦恭，不可用命令或支配的语气，也不可强词请求，更不可因遭到拒绝而态度突变。

最后，还应考虑请求人的情况，有时有的事是受求人确实无法办到的，答应则自身陷于困境，不答应又可能伤害请求人的情面，往往处于两难境地。因此，请求人应尽量采用迂回和委婉的表达方式，避免直来直去地提出请求，以给双方都留有余地。

六、赞美语

赞美是一种能引起对方好感的方式，它能创造出一种热情友好、积极肯定的交往氛围。赞美对方，能够很自然地赢得对方同样友好的回报。赞美对方应注意到以下几点：

要真心实意

赞美别人应发自内心，要真心实意、诚恳坦白，不能言不由衷或人云亦云。赞美要明确具体，符合实际。

要因人而异

赞美女性是多用"漂亮""年轻""活泼""有气质"，赞美男性多用"有魄力""有才华""有风度""有前途""有主见""精干"，对年龄大的人赞美他的健康、学识、经验、精力、成就，对同辈人可赞美他的精力、才干、业绩、风度等等。

要注意场合

赞美要考虑时间、地点、环境。一般情况下，在多人在场时赞美对方，对于拉近与对方的关系十分重要。在交际谈话中，适时、准确地使用礼貌用语，对人与人之间的交往和沟通是非常重要的。

注重礼仪，讲究礼节、礼俗，是精神文明发展的客观要求，也是社会生活中不可缺少的要素。人们在长期的交往中，逐渐形成了相互表示尊重、敬意、亲善和友好的行为规范与惯用形式，这就是现代的公众基本礼仪。由于地域、场合和交际对象的不同，它的内容与形式也有所不同。作为酒店员工，必须了解人们交际活动中应遵循的基本礼仪。这既是员工个人素质的体现，又有助于提高服务质量，树立酒店良好的企业形象。

人们在刚开始与他人见面时，常以一定的礼仪动作、姿态来表示对他人的欢迎、尊敬、感谢和友好。正确、合乎规范地施行见面礼仪，有助于双方交往的正常开展。不同民族、不同信仰的人，其见面礼仪也不相同。下面是常见的见面礼仪介绍：

握手礼

握手礼是最常使用、适用范围最广泛的见面礼节。握手作为人们日常交往的基本礼仪，在应该握手的场合若拒绝或忽视了别人伸过来的手，就是失礼。

据说，握手礼起源于原始社会的摸手礼。传说当人们路遇陌生人时，如果双方都无恶意就放下手中的东西，伸出双手让对方抚摸掌心，以示友善。后来此礼节沿袭至今就成了现代的握手礼，表示致意、亲近、友好、寒暄、道别、祝贺、感谢、慰问等多种含义，是世界各国较普遍使用的社交礼节。

握手的次序

主要根据握手人的社会地位、身份、性别和各种条件来确定。

一般地说，握手的基本规则是：上级在先，长辈在先，女士在先；而下级、晚辈、男士、客人应先问候，见对方伸出手后，再伸手与之握手；在上级、长辈前不可先伸手。

若一人与多人握手时，最有礼貌的顺序应该是：先上级、后下级，先长辈、后晚辈，先主人、后客人。若男女初次见面，女方可以不与男方握手，互致点头即可。若接待来宾，不论男女，女主人都要主动伸手表示欢迎，男主人也可以对女宾先伸手表示欢迎。若一方忽略了握手的先后次序，先伸出了手，对方应立即回握，以免发生尴尬局面。

握手的方式

标准的握手方式如下所述。

握手要用右手，而不得用左手。不宜左右手同时与他人握手，也不能越过他人交叉握手。为了表示更亲切、更尊敬，我国在双方右手相握后，一般左手再搭在对方伸过来的右手上。握手时不能戴手套（女士戴薄手套是允许的）。握手时应掌握力度，时间以三到五秒为宜。男士与女士握手，一般只轻握对方的手指部分，不宜握得太紧太久。握手后切忌用手帕擦手。

如果握手时掌心向下，则显得傲慢、居高临下，是一个"控制式"的握手方式；握手时掌心向上，表示谦卑与恭敬，是"乞讨式"的握手方式；双手去握对方的手，既可表示更加尊重、亲切，也可以表示更加感激、有求于人之意，是"手套式"的握手方式；握手过于无力，显得漫不经心，给人一种毫无生命力之感，是"死鱼式"的握手方式；握手过于用力，让人觉得有失文雅，是"蛮横式"的握手方式；若握手时轻轻触动一下对方的指尖，给人清高冷漠的感觉，是"抓指尖式"的握手方式。无论采用哪种握手方式，关键要看握手者要表达的意思。一般以标准的握手方式为好。

七、致意礼

所谓致意，是指向他人表达问候的心意。礼貌地致意，会给人一种友好愉快的感受；反之就会被看作是没有教养、不友善的表示。常见的致意有点头礼、挥手礼。

点头礼（颔首致意）

点头礼即颔首致意，这种礼节一般用于同级或同辈之间。主要用于在同一场合已多次见面或者仅仅有一面之缘的朋友之间。

在施行其他礼节十分不便的情况下，如在路上行走、在公共场所与熟人相遇、双方距离远而双方无须停足谈话、手中有其他杂物不便于施行握手礼，这时仅仅以点头微笑示礼，显得十分方便和快捷。

另外，如遇长者、贤者、女士时，应礼貌地点头致意、略举右手或手触帽檐答应。

挥手礼

挥手致意也是社交中常见的礼仪。

挥手致意时，双方应举起右手并点头致意。男性如果戴帽子，应脱帽或将帽檐向上轻掀一下，以示致意，距离较近，应互相招呼；距离较远，仅做微笑和挥手动作即可，不可大声叫嚷地招呼对方。

一般来说，行致意礼时，男性应向女性致意，年轻女性应先向年长男性致意，下级应先向上级致意。当然，长者或上级，也可以主动向晚辈、下级致意，以示谦虚随和，这样反而会使受礼者对行礼者更尊重与亲近。

八、注目礼

注目礼原为军人的特殊礼仪，现已成为场合较为广泛使用的礼节之一。

行礼时双目自然凝视对方，并随对方的行进而转移。注目礼一般不单纯使用，而是与介绍、握手点头、举手等礼节同时使用，以示尊重。

根据不同场合和不同对象，目光所及之处应有所差别。实验表明，双目凝视对方眼鼻之间部位，可营造良好的社交氛围；双目注视对方额头至两眼间（即上三角形区域），可营造严肃的社交气氛；目光扫过对方眼睛以及下巴以下部位，可形成亲密接触的气氛。

目光是内心深处情感的自然流露，让目光准确地交流思想、传递信息、表达情感，可以获得最佳的社交效果。

九、鞠躬礼

鞠躬即弯身行礼，它是我国传统礼仪之一，也是有些国家常用的礼仪。在我国，鞠躬礼应用范围广泛，主要用于旅游服务、演员谢幕、演讲、颁奖、婚礼和悼念活动等。

行鞠躬礼时，要心诚，身体采取立正姿势，双腿不要叉开或向前弯曲，双目注视受礼者，面带微笑，身体上部向前倾斜，视线也随鞠躬自然下垂，随即恢复原态。戴帽者行鞠躬礼时，须先脱帽，用右手握住帽檐中央，将帽取下，右手垂下，行礼。受礼者如是长者、贤者、宾客、女士，还礼时可不鞠躬，而用欠身、点头、微笑致意，以示还礼，其他人均应以鞠躬礼相还。

男性行鞠躬礼时，双手放在裤线的稍前处；女性则将双手放在身前下端，端庄地搭在一起。行鞠躬礼时上身的倾斜角度可以在15°～90°。一般来说，角度越大，表示对被问候人越尊敬。

十、介绍礼

介绍是双方互相了解、建立关系的一种语言交接过程。在这个过程中，必须遵守一定的礼仪规范。

在社会交往中，如果招待很多客人，其中有互不相识的，介绍的责任应由招待的主人来承担。在为他人介绍时，需要注意介绍的顺序、称呼和内容等。目前国际上公认的介绍顺序是：把男士介绍给女士，把年幼者介绍给年长者，把声望低者介绍给声望高者，把未婚者介绍给已婚者。为他人介绍时，最好先说"请让我来介绍下……""请允许我向你介绍……"之类的导入词。为双方介绍完，介绍人不能马上离开，以免双方因初次相识而感到尴尬和不便。

集体介绍时，可按座次顺序，也可首先从贵宾开始介绍。介绍的内容要简明扼要，包括被介绍者的工作单位、职业和身份等。对被介绍人的称呼，为体现尊重应采用"先生""小姐""太太"，职务、职业等尊称。介绍时，介绍人应当伸手示意，手掌微上翻，以表示尊重。除女士与年长者外，介绍完毕以后，一般应起立、微笑、握手致意，并说"您好""幸会""久仰"之类的客套话。如果介绍是在宴会或会谈桌上进行，被介绍的双方可以不必起立，只需微笑点头即可。

十一、名片礼

名片是公众交往的一种重要工具，它具有介绍的功能，起着沟通与联络的作用。人们在交往中对名片的制作、递送、接收、保管、索要等，都应遵守一定的礼仪规范。

1. 名片的制作

名片上一般印有单位名称、本人姓名、职务、联络电话、微信、QQ、地址等。

2. 递送本人名片，应当彬彬有礼

将本人名片递送给对方时，应面含微笑，注视对方，以右手或双手的拇指与食指分别捏住名片的两角送呈对方。如果站立递送，应走向对方，上身呈15°的鞠躬状；如果是坐着，应起立或者欠身递送。与此同时，可致礼貌语，如"请多多关照""请多指教"或者是"希望以后保持联系"等。同时向多人递送本人名片时，可由尊而卑或者由近而远递发。如果互递名片，姿态同上，只是用右手递送自己的名片，左手接受对方的名片。

3. 接受他人名片时，应当毕恭毕敬

当他人主动将名片递给自己时，一定要表现出自己的恭敬、重视之意，应起身站立，迎上前去，用右手或者双手将对方的名片郑重其事地接过来，并道声"谢谢"。

接过名片后，应认真仔细地从头到尾轻声念一遍，以示尊重。最后，应将对方的名片收藏于自己的名片包或上衣左胸内侧口袋里，并随之递上自己的名片。在接受他人名片时，最忌讳用左手去接或者接过来之后看也不看随手乱丢，这是对人极不尊重的表现。

在接受他人名片之后，不递上自己的名片是非常失礼的，如果自己没有名片或没带名片，应当向对方表示歉意并说明理由，如"很抱歉，我没有名片"或"对不起，今天忘带名片了"等。

第三十三节
酒店员工素质要求

作为一名合格的餐饮服务人员，应具有正确的服务意识、良好的仪容仪表、熟练的专业知识、丰富的工作经验、恰到好处的接待客人能力，这就对服务人员的素质提出了更高要求。

1. 要有敬业乐业的精神

酒店餐饮服务质量的提高，需要有一支相对稳定的专业队伍。这就要求从事餐饮服务的人员，必须充分认识到餐饮服务工作与其他工作一样，都是社会生产和生活的一部分，是酒店经营中不可或缺的部分。只有热爱自己从事的专业，热爱工作，在实践中逐步培养对专业的浓厚兴趣，才能在本职工作岗位上端正工作态度，潜心钻研服务技能。养成良好的职业道德和礼仪礼貌，是餐饮服务人员的基本素质。

2．树立自觉遵守纪律的观念

餐饮部通常由采购、厨房、餐厅、宴会厅和管事五个部门组成，组织机构庞大，人员众多，分工细致，工序长，工作繁忙，而且集人、财、物于一体。这就要求餐饮服务人员必须树立自觉遵守纪律的观念，自觉执行酒店、部门的各种规章制度，这是统一协调做好工作的前提和保证。不可自行其是，使整个服务工作因某个工作环节出错而导致全局混乱。

3．具备良好的形象

由于工作环境和性质的需要，酒店餐饮服务人员应注意自己的形象，注重仪容仪表。酒店餐饮服务人员应按规定着装，保持服装整洁，佩戴工作标志上岗。在修饰上，化淡妆，切忌浓妆艳抹、矫揉造作、主次不分。

讲究个人卫生，要勤洗澡、勤理发、勤刮胡须、勤刷牙、勤剪指甲。上班前不要喝酒，不要吃韭菜、大葱、大蒜、海鲜等有强烈异味的食物。工作前后要洗手，在岗不要抽烟，按规定梳理头发。

上岗时，不得佩戴夸张的饰物，除结婚戒指外，尽量不佩戴多余饰物，不要涂抹指甲油。

站姿要挺拔端正，给人优美感，切忌东张西望、东倒西歪、含胸挺腹、站立不稳等。坐姿要文雅、稳重，给人温和、端庄、雅观之感，切忌前俯后仰、摇腿跷脚、弓腰驼背等。走姿要潇洒、自然、大方，给人轻捷、欢悦、潇洒之感，切忌摇肩晃脑、步履蹒跚、横冲直撞等。神态要安详、自然、笑容可掬，给人热情洋溢、充满活力之感，切忌神情不安、脸色阴沉、有气无力、心不在焉等。

4. 熟练运用专业操作技能

酒店餐饮服务的每一道工序、每一个环节，都有特定的要求和操作标准。许多工作目前还只能靠手工，如托盘、摆台、上菜、分菜等。要胜任工作，就必须努力学习，懂得各种服务的规范、程序和要求，勤学苦练，熟练掌握餐饮服务的基本技能，才有可能为优质服务奠定基础。

各种菜肴是食品的重要组成部分，中国烹饪经过历代的经验积累，产生了众多不同风格的菜系，它们是中国烹饪的精华，其烹饪技艺也是中国文化的重要组成部分。作为一名合格的餐饮部员工，对主要菜系应该有基本的了解，这对于更好地向客人提供服务，无疑是大有裨益的。

第三十四节
酒店服务礼仪

餐厅是宾客用膳的主要场所，在这里要提供面对面的服务，其特点是时间长、需求多。餐厅服务人员有领台、值台、走菜服务员。要使宾客在享用美味佳肴的同时，又感受到主动、热情、耐心、周到的服务，服务人员应掌握娴熟的服务技巧和具备良好的礼仪。上岗前，全体服务人员都应做好仪容仪表的自我检查，要做到仪表整洁、仪容端庄，站姿优美、规范，精神饱满。每个服务人员都必须坚守岗位，随时准备向前来的宾客提供规范的礼貌服务。

一、领台员服务礼仪

1. 热情问候。

当宾客离餐厅约2米处时，应面带笑容，拉门迎宾，热情问候："您好，欢迎光临！"或"小姐（先生），晚上好，请问后面还有人吗？（以便迎候指引）"或"您好，请问，您预订过吗？"同时用靠门一边的手平伸指向厅门，请宾客入门。

如果是男女宾客一起进来，要先问候女宾，然后再问候男宾。见到年老体弱的宾客，要主动上前搀扶，悉心照料。如遇雨天，要主动收放客人的雨具。假如宾客戴着帽子或穿着外套，应在客人抵达门口处时，协助宾客拿衣帽，并予以妥善保管。对女士应说："我们可以帮您拿外套吗？"对男士应说："我们可以替您拿帽子和大衣吗？"

2. 领位周到。

对已预订的宾客，要迅速查阅、核对预订单或预订记录，将客人引到其所预订的餐桌。如果客人没有预订，应根据客人到达的人数、客人喜好、年龄及身份等选择桌位。同时，还应考虑到餐厅的平衡，避免某些餐桌太繁忙。

对单独光顾的宾客，要为其寻找合适的位置，如靠近窗户的座位。对重要宾客，要将其引领到本餐厅最好的位置。夫妇、情侣来就餐，可以将其引领到比较安静的角落处入座。服饰华丽、容貌华丽的女士来就餐，可以把她引领到餐厅比较醒目的地方，这样既可以满足宾客心理上的需要，又可以为餐厅增添华贵的气氛。对于全家或亲朋来聚餐的宾客，可以把他们引领到餐厅中央的餐桌就餐。年老体弱的宾客来就餐，应尽可能将其安排在出入比较方便的地方。对于有明显生理缺陷的宾客，要注意考虑将其安排在适当的位置。

如果宾客要求到一个指定的位置就餐，应尽量满足其要求，如该餐桌被占用，应加以解释、致歉，然后再将宾客带到他认为满意的位置去。

靠近厨房出入口的位置往往不受欢迎，因此要对那些被安排在这张餐桌就餐的宾客多说几句抱歉的话。在用餐高峰期餐厅内已无空位时，应对前来的宾客表示歉意，并及时安排客人先在休息室稍等。一旦有了空位，要马上整理好餐桌，并及时引领客人入座。

在引领客人入座时，领台员应说："请到这边来。"如果桌子需要另加餐具、椅子时，尽可能在客人入席之前布置妥当，不必要的餐具及多余的椅子应及时撤走。为儿童准备特别的椅子、餐巾、餐具等也应在这个时候完成。

3. 用心服务。

招呼客人接听电话时，要快步走到客人右侧，轻声告知，不要在远处高声呼喊。客人离开时，留心照看好客人留放在座位上的物品。

4. 主动告别。

客人用餐结束来到餐厅门口时，要主动问好。将宾客送至餐厅门口时，要友好话别，诚挚地说："再见，欢迎您下次再来。"躬身施礼，目送离去。

二、值台员服务礼仪

1. 拉座服务。

宾客走近餐桌时，值台员应以快捷的动作，双手拉开座椅，招呼宾客就座。顺序上应该先主宾后主人，先女宾后男宾。在大的团体里，则应先为年长的女士服务，然后再为其他女士服务。可能的话，把女士安置在面对餐厅内侧的座位上，避免面对墙壁。当两对夫妇在窗边用餐时，应安排女士们坐在面对室内的位置，除非客人自己另有要求。

招呼宾客就座时，要和宾客配合默契。待宾客屈腿入座时，轻轻推上座椅，推椅动作要适度，使宾客坐好、坐稳。如有儿童用餐，要主动调整座椅，方便儿童入座。如有宾客需脱外衣或安放随带物品时，要主动协助。

2. 餐前准备服务。

客人入座后，送上毛巾和茶水，先送毛巾，后端茶。毛巾、茶都要用托盘端送，递送时要从主宾开始由右向左依次进行。递送毛巾时要礼貌地招呼客人，以便引起宾客的注意，递茶时避免手指接触茶杯杯口，动作要轻缓，使用玻璃水杯时，要尽量先套上杯托，以免宾客烫手。

就餐时，取出餐布放在客人的腿部。如是中餐，对不习惯用筷子的外宾，及时为其换上刀、叉等餐具。

3. 点菜和推介服务。

客人坐稳后，要注意宾客要菜单的示意，适时主动送上餐单。递菜单给宾客时，菜单要从宾客的左边递上。对于夫妇，应先递给女士；如果是团体，先递给主人右手边的第一位客人；如果主人表示为其全体成员点菜，菜单也要分发下去一部分。

递送的菜单要干净、无污迹，应双手递送菜单，态度要谦恭，切不可随意把菜单往宾客手中一塞或往桌子上一扔就一走了之。

宾客点菜时，不要催促宾客，要耐心等候，应让宾客有充分的时间去考虑或商量决定。必要时，酌情给予推介。

值台员应对菜单上客人有可能问起的问题有所准备。对每一道菜的特点要能予以准确的答复和描述，例如：哪些菜是季节性的，哪些是特制的，每道菜需要准备的时间以及菜的装饰，菜的销售情况等等。当宾客一时不知决定什么菜为好时，应热心为其当好参谋，主动推荐本餐厅的特色菜、时令菜、创新菜等供宾客选择。介绍时要讲究说话方式和语气，不要勉强或硬性推荐，以免引起宾客反感。

记录客人点菜时，应站在客人的左侧，注意站立的位置，身体不能紧靠餐桌，手不能按在餐桌上。同宾客说话时要始终保持微笑，上身略微前倾，思想集中，听清宾客所选择的菜肴、点心、水果和饮料，并及时做好详细的记录。当主人表示客人各自点菜时，服务员应先从坐在主人右侧第一位客人开始记录，并站在客人的左侧按逆时针方向依次接受客人的点菜。在宾客点完后，应重复核对一遍，以免出现差错引起事后纠纷。

如客人点的菜在菜单上没有列出，不可一口回绝，而应尽量满足其要求，可以礼貌地说："请允许我马上和厨师长商量一下，尽量满足您的要求。"如宾客点出的菜已无货供应，不得简单地说一声"卖光了"，而应礼貌地解释，求得宾客的谅解，并婉转地建议宾客点其他的菜。

要与厨师密切配合，协调好关系，不得相互推诿，更不得在宾客面前争执，暴露内部矛盾。

4. 斟酒服务。

斟酒要严格按照规格和操作程序进行。斟酒时，打开酒瓶或饮料，站在客人的侧面，从右侧斟，注意不可站在同一位置为两位客人同时斟酒。

斟酒时先倒烈性酒，后倒果酒、啤酒、汽水、矿泉水。倒香槟酒或其他冰镇酒类时，要用餐巾包好酒瓶再倒，以免酒水滴落在宾客身上。斟酒的浅满程度，要根据各类酒的要求来斟，中餐通常要斟满杯，以示对客人的尊重，西餐则有所不同。斟白酒一般不要超过酒杯的3/4，这样能让客人在喝第一口之前有机会闻到杯内白酒的芳香；红酒一般只斟2/3杯，因为红酒杯比白酒杯大，一次不宜斟得过满；斟香槟酒要分两次，第一次先斟2/3杯，待泡沫平息下来，再斟至2/3或3/4杯即可；斟啤酒或其他发泡酒时，因为泡沫较多，斟的速度要慢。

斟酒的顺序是先给主人右边的客人斟酒，再按逆时针方向绕桌斟酒，最后给主人斟酒。斟酒时，瓶口不要碰到杯口，以防把杯子碰坏或碰翻，但也不要拿得太高，过高酒水容易溢出。当偶尔操作不慎将酒杯碰翻或碰碎时，应向客人致歉，立即调换，并迅速铺上抹布，将溢出的酒水吸干。宴会中斟酒时，应由宾客选择用哪一种酒，值台员不得自作主张。如有酒水洒在宾客身上，要及时递送毛巾或餐巾纸协助擦净，但如果对方是女宾，男值台员不要动手帮助。

5. 餐间服务。

在客人就餐服务过程中，要眼观六路、耳听八方，眼睛应始终注意到餐厅的每一位客人，发现宾客有因求助而表现出来的各种迹象（手势、表情、动作等）时应上前询问，并随时回应宾客的招呼。

如客人将烟叼在嘴上，两手在摸口袋时，应及时主动上前帮其点火。但要掌握好火苗的位置与大小，切不可烧及宾客的鼻子、胡子等。点烟时，不要用同一根火柴去为三位宾客点烟。如客人在进餐时起身或张望，表明客人有事求助或询问，服务员应主动迎上去给予帮助。如客人将茶壶拿起，应主动加茶水。

当客人要求帮助，而服务员正在给其他桌上的宾客服务时，应朝客人打手势或点头微笑，表示自己已经知道，让宾客放心。

如有宾客的物品，尤其是女宾的物品，不慎掉落到地上，应立即帮助其拾起，双手奉上，不可视而不见。

宾客间谈话，不可侧耳旁听。在客人低声交谈时，要主动回避，更不能随便接话。

在服务中，如需与客人交谈，要注意适当、适量，不要滔滔不绝、喧宾夺主、乱发议论，要顺着客人的意思讲，不要与客人争辩。

如宾客不慎把餐具掉落在地上，应立即上前取走，随后为其更换干净的餐具，绝不可在宾客面前用布擦一下再给宾客使用。

对已有醉意的宾客要注意观察，给予特别关注，要以礼相待，掌握宾客的心理。在发生意外情况时，要保持头脑清醒，及时向主管反映，以便妥善处理。对酒醉客人找收现金时，尽量当着除醉客以外的人进行。

6. 结账服务。

宾客示意结账时，不要用手直接把账单递送给宾客，而应尽快把账单放在垫有小方巾的托盘（或小银盘）里递到宾客面前，请客人核对。为了表示尊敬和礼貌，放在托盘内的账单应正面朝下反面朝上。宾客无意离去时，切不可催促，不可要求宾客提前付款结账。宾客付款后，要表示感谢。

如宾客要直接到账台向收银员付款结账，应客气地告诉其账台的确切位置。

7. 送客服务。

在宾客用餐完毕起身离座时，应及时主动向前为其拉开座椅，方便其行走。宾客出门前应提醒其不要遗忘随身物品。值台员要准确地将衣帽物品取递给宾客，并热情帮助其穿戴，并借此机会了解宾客对饭菜是否满意、对服务是否满意等等。假如有什么令客人不满意之处，应向客人解释并表示歉意。

客人离店时，要热情道别，说一声"再见，欢迎再次光临"的告别语，欢迎宾客下次再来。

三、走菜服务员服务礼仪

1. 走姿自然。

走菜时，要注意自己行走的姿态，宜轻松自然。走菜途中，切忌私下品尝菜点，这是严重的违纪和不文明行为。

2. 忙而不乱。

走菜工作紧张、繁重，因此要格外注意忙而不乱、不出差错。走菜途中，要注意前后左右的行人和地面是否湿滑，避免碰撞和跌倒导致翻盘而发出巨大声响，惊吓到正在用餐的宾客。要注意自己的个人卫生，不要满头大汗出现在宾客面前。热时不能解开领口、敞开衣领、挽起袖子，更不能卷起裤脚。

3. 严格遵守上菜规则。

上菜要严格按照上菜规则进行。要掌握好上菜时机、遵循一定的上菜程序，并根据宾客的要求和进餐的快慢灵活掌握。

上菜要从宾客的左边上，最好在陪同或翻译之间进行，不要在主宾之间进行，以免影响来宾用餐。

摆菜要讲究造型艺术，要注意礼貌，尊重主宾。酒席中的头菜，其看面要对准主位，其他菜的看面要朝向四周。比较高端的菜或有特殊风味的菜，要先摆在主宾前面，在上下一道菜后再顺势撤摆在其他地方。

每一道菜要报菜名，并简单扼要地介绍其特点。注意，说话时切不可唾沫四溅。

分菜时，高级宴会会按照先男主宾后女主宾（一般酒席宴会会按照先女主宾后男主宾）、再主人和一般来宾的顺序逐次分派。分菜时，要注意将菜肴的优质部分分给主宾或其他宾客，要掌握好分量，分派均匀。

添菜时，应征求客人的意见，如客人谢绝，则不必勉强。每道菜上完第一轮后，待有客人吃完时再上第二轮。如不上第二轮，则将菜盘内的菜稍作调整放在桌上，让客人需要时自取，待下道菜上来前撤下。

若宾客打听菜点的原料或制作方法，要热情介绍；如自己也并不了解，可在请教厨师后给宾客一个满意的答复，并对宾客偏爱本店的佳肴表示感谢。

客人祝酒或发表讲话时，应停止上菜，但要及时斟酒，以便干杯。

4. 撤餐礼貌

在撤换餐具时，要注意客人是否吃完（西餐可看刀叉是否已合拢并排）。如无把握，应轻声询问，切不可在客人正在吃时撤餐具，那是很不礼貌的。上餐具、撤餐具要轻拿轻放，动作要优雅利索。

餐毕，桌上仍剩余一些菜肴，宾客表示希望带走时，应为其提供食品袋，并代为包装，方便宾客带走，绝不可借此嘲讽宾客小气。

餐毕后的清扫工作，必须在所有宾客全部离去后进行，不可操之过急。当着还没用完餐的宾客打扫环境卫生是不文明、不卫生的失礼行为。

四、餐中服务礼仪

1. 客人订餐。

（1）服务要主动，态度要热情，面带微笑，语言亲切。

（2）服务员询问客人用餐时间、订餐内容、座位是否准确，复述客人姓名、房号、用餐人数与时间时要清楚。

（3）做好记录，提前安排座位。

（4）电话订餐或座位订餐，电话铃3响内接听；繁忙时请客人稍后，并表示歉意。

（5）接听电话时态度要和蔼，语言要清晰。

（6）预订准确，安排适当，等候客人到来。

2. 迎接客人。

（1）客人来到餐厅，领位员主动问好，微笑相迎。

（2）对常客或回头客能称呼姓名。

（3）协助客人存放衣物，按顺序引导客人入座。

（4）对于预先订餐、订位的客人，按事先安排的座位引导。

（5）客满时请客人在门口或休息室稍候，安排好休息座位，告知客人大致等候时间。

3. 餐前服务。

（1）客人来到餐桌，值台服务员要仪容整洁、仪表端庄、面带微笑地迎接客人，拉椅请客人就座。

（2）台面、台布、口布、餐具、茶具整洁干净。

（3）客人坐下后，主动问好，双手递上菜单，询问客人用何茶水。上茶、斟茶服务要规范，递送餐巾、香巾要主动及时，服务周到。

4. 开单点菜。

（1）客人点菜，服务员应态度热情、主动介绍。

（2）服务员熟练掌握餐厅菜肴品种、风味、价格。

（3）对客人的问题有问必答。

（4）推销意识要强，针对性要强。

（5）点菜单一式三份，分送客人、收款台、传菜间各一份。

5. 上菜服务。

（1）各餐桌按客人点菜顺序先后上菜。

（2）无先到后上、后到先上现象发生。

（3）客人点菜后20分钟内开始上菜，除甜品、水果外，45分钟内出齐。

（4）需增加准备时间的菜肴，事先告诉客人大致等候时间。上菜遵守操作程序，使用干净托盘，掌握上菜节奏与时间。走菜姿态轻稳，无碰撞、打翻、溢出现象发生。

（5）菜点上桌，双手呈放，摆放整齐、规范。

（6）爆炒食品上桌，示意客人遮挡。

（7）菜肴及饮料上桌齐全后告诉客人，祝客人用餐愉快。

6. 看台服务。

（1）菜点上桌，示意客人用餐，为客人斟第一杯酒水。

（2）客人用餐过程中，适时体察客人需求，照顾好每一台面的客人。适时为客人添斟酒水。

（3）上菜、撤盘遵守操作程序，需要客人用手食用的食品，同时上一次性手套。

（4）根据客人进餐需要，适时撤换脏骨盘、整理台面。

（5）客人吸烟，打火要及时，烟灰缸内烟头不要超过3个。

（6）餐厅为不吸烟的客人设无烟区，桌上立有标牌。

（7）整个看台服务做到台面照顾全面周到，上菜撤盘准确及时，待客服务细致。

7. 收款送客。

（1）客人用餐结束，账单呈至客人面前，账目清楚，核对准确，客人付款当面点清；客人挂账的，签字手续规范，并表示感谢。

（2）客人起立主动拉椅，提醒客人不要忘记个人物品，主动征求意见，与客人道别。

（3）客人离开后，撤台快速，动作轻稳，3分钟内整理好餐桌，餐茶酒具摆放整齐规范，准备迎接下一批客人。撤下的台布、口布、餐具存放到指定地点。

第二章
餐饮部综合管理

理论与实践的归纳总结

传统和现代的完美融合

第一节
经营管理要求及管理方法

1. 对本部门的质量问题进行分析，从中找出影响最大的主要问题。

2. 从分析出的原因中找出最关键的原因。

3. 分析影响生产质量问题的主要原因。

4. 针对关键质量问题，制定目标和计划。

5. 完善服务标准，实施目标和计划。

6. 检查实施过程中存在的问题。

7. 肯定成绩，总结经验教训。

8. 发现尚未解决的问题，转入下个环节去解决。

9. 每一次循环都有新的更高目标，这意味着经过一次循环，本部门的质量水平就要有新的提高。

10. 统一目标、统一思想、统一管理，订计划、给方法，带好团队。

第二节
机构设置和人员配备原则

1. 统一制定主要的规章制度，上级对下级发布指示和命令渠道畅通，便于管理。

2. 只接受一个上级领导的指令，尽量避免多层领导重复指挥，以保持各部门、各环节协调一致，目标一致。

3. 整体组织机构必须是一个统一的整体，要统一划分各部门的职权范围。

4. 各部门自主化，各环节能够自觉履行职能。机构设置必须为各部门、各环节能够自觉履行职能提供条件，以便发挥职工的主观能动性。

5. 建立有素质、有能力、对工作认真、对酒店负责的营销队伍。

6. 效率是机构设置的最高原则，精简、统一、自主化都是为了提高效率。

7. 在机构设置过程中，常常遇到许多相互矛盾的因素，无论强调什么，其最高原则都应当是提高效率。

8. 诚信、负责、团结、敬业，是每一位员工的基本素质。

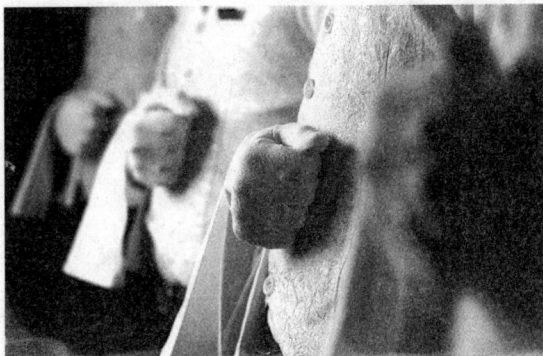

第三节
餐饮管理人员的素质

1. 餐饮管理人员在运用自身工作经验进行管理的同时，还应不断学习新的管理方法，提高管理能力。

2. 善于分析问题，具有多谋善断的决策能力，对于经营方针的确立、规章制度的建立、机构的设置、人员的配备、规划的设计、重要的业务活动及重大事件的处理等都应有果断而正确的决策能力。

3. 管理人员要善于发现人才、培养人才，善于鼓励和激发员工的工作积极性，有计划地选拔和培养员工，帮助他们提高工作能力。

4. 管理人员对经营管理和生产管理的整个过程都能实行有效的控制，能协调各方面的矛盾，使之统一在餐饮部的整体目标之内。

5. 有时在同一部门由两个以上管理人员去处理同一事情，很可能产生两种以上不同的结果，这是因为他们各自的管理艺术不同。确切地说，管理是一门科学，也是一门艺术，管理艺术是通过科学的工作方法表现的。在日常管理工作中，有必要学习管理艺术，处理好各种现实矛盾。

6. 餐饮经理、部门经理等管理人员的言行，是管理人员素质的具体体现。良好的经营管理加上模范的言行等于餐饮经营管理的成功。

7. 管理人员要处处做到为人师表、廉洁自爱、自尊自重，树立管理人员的良好形象，不断完善自身素质。

第四节
餐饮部内外协调与沟通

1．餐饮部是整个宾馆、酒店的有机组成部分，餐饮部的各项工作都离不开其他部门的协助与支持。

2．要依靠各部门之间的通力合作，以及餐饮部内部协调沟通，才能搞好整个宾馆、酒店的管理。

3．前厅部是宾馆、酒店与宾客接触并执行具体业务工作的第一部门，也是宾馆、酒店直接对外的窗口之一。每天定时对餐厅进行清洁，主要清洁餐厅内的地毯、装饰物、家具和洗手间，及时换洗餐后的台布、餐布、衣裙等。餐饮部还应定期配合洗衣房员工清点成本。

4．餐饮部门所有员工的招聘等事项均由人事部负责。如果餐饮部出现人员空缺，由餐饮部经理汇报人事部，人事部通过招聘初步确定人选，再与餐饮部经理共同主持面试、考核等，然后择优录用。

5. 促使餐饮部不断改进菜品，吸引更多客人，树立良好形象。除了为客人提供优质服务及美味食品外，还需要做好各种社会宣传工作。

6. 营业部的工作职能是通过市场调查，了解市场动态，了解其他宾馆、酒店的经营手段以及人们的消费趋势，并将信息提供给餐饮部等有关部门，作为改进工作的依据。

7. 工程部负责餐饮、酒吧、厨房内各种设备、设施的保养与维修，如空调、家具的修理及音响的效果调试等工作。

8. 餐饮部的工作既离不开其他部门的协助配合，也离不开内部的通力合作。协调餐饮内部各部门的关系，是厨房与采购部不可忽视的工作，主要目的是做好成本控制。

9. 餐饮部经理应经常与采购部保持联系，将菜单变化及时通知采购部。

10. 厨房、酒吧所需的物品和原料，大部分是从货仓领取；部分新鲜易变质的食品原料，采购员可直接送到厨房。仓库保管员应及时进仓，检查所存货品的保存期限，如有快到期的货品应及时通知厨房先用，减少存货浪费。

11. 在餐饮部门内部，联系最紧密的是厨房与前台，后厨制作出的精美食品，靠前厅服务人员推销出去。

12. 搞好餐饮部门之间的协调工作，是一项既复杂又重要的工作。在解决部门之间的矛盾时，必须摸清部门间不能协调的原因，制订出积极有效的方案，彻底清除矛盾和障碍，促使各部门保持长久、和谐的工作关系。

小提醒：酒店管理"十三赢"

（1）赢在平台

（2）赢在贵人

（3）赢在信念

（4）赢在学习

（5）赢在激情

（6）赢在舍得

（7）赢在包容

（8）赢在执行

（9）赢在细节

（10）赢在团队

（11）赢在坚持

（12）赢在勤奋

（13）赢在诚信

厨房组织架构图

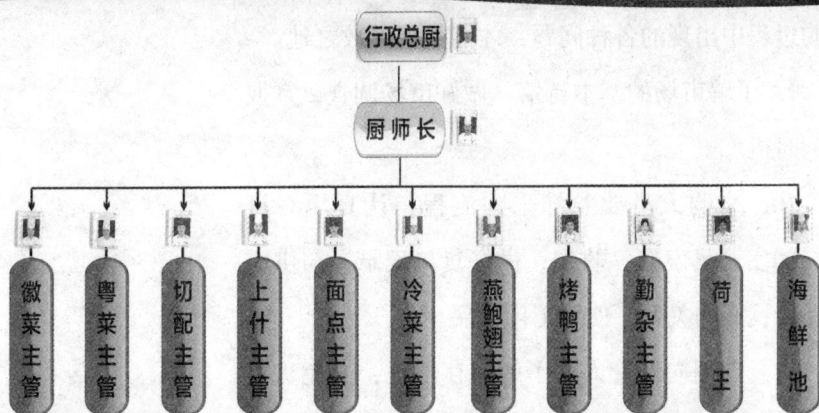

行政总厨

厨师长

| 徽菜主管 | 粤菜主管 | 切配主管 | 上什主管 | 面点主管 | 冷菜主管 | 燕鲍翅主管 | 烤鸭主管 | 勤杂主管 | 荷王 | 海鲜池 |

4D：整理到位 责任到位 培训到位 执行到位

第五节
采购人员管理要求

1. 热爱本职工作，对工作认真负责，保证质量，秉公办事，以身作则，不谋私利。

2. 根据顾客多少、菜品需求量等情况，做出每天进货数量、进货品种的计划。

3. 政策稳定，标准统一，保证每一次采购都用同一标准加以衡量与检查。

4. 有合理的库存。有些原料容易变质，如果库存过多，会造成浪费，必须做到预算后采购。

5. 考虑采购费用，要有测算，避免无计划的盲目开支。

6. 做好采购记录。对常年的采购工作，采购部应有系统、有程序地全部记录，发现问题及时改进。

7. 采购人员应知道各类原料的品质特点、产地、性能，掌握原料质量的鉴定方法等基本常识。

8. 采购人员应具备丰富的采购经验，有效解决采购过程中出现的各种问题，才能立于不败之地。

9. 了解市场的基本行情，做好市场调查，掌握采购时机。

10. 采购人员要熟知采购流程，认真填写订单，如实开具发票、收据，做好货单记录，与供应商保持良好的关系，便于工作开展。

11. 定期向保管人员了解库存情况，避免货物不足或积压。

12. 有较强的业务能力，根据市场行情调整采购计划。

13. 有一定的协调能力，善于处理与厨房、酒吧、财务等部门间的关系。

14. 有较强的语言表达能力，熟练掌握工商行政管理和财务外汇以及经济合同法等方面的法律知识。

15. 抓住有利时机，不断开发进货渠道，扩大供货品种。

第六节
原材料的验收

1. 核对数量，现货的清点和过秤数量应与发票上的数量相吻合，然后签字注明数量无误。

2. 核对质量，现场开箱点收，检查是否满箱，箱内食品质量有没有问题，签字确认。

3. 写明供货单位、送货人姓名、商品名称、收货日期、具体数量，并从市场估价单上摘录单价。

4. 如收货时发现数量短缺或质量不符，应填写验收单备忘凭证，写明退货品名，由送货人签收退还，并将此验收单备忘凭证和原材料发票附在一起退还。

5. 如果收货核对无误，应立即将货物分档装上货架保管，将全部收货发票及验收单备忘凭证送交财务部门，以便汇总记账。

6. 如发现货物达不到规格要求或有其他质量问题时，要做退货处理。

7. 需要退货时，向送货人员说明原因，工作要细心、耐心，并注意方式方法。

8. 退货理由要详细写在发货单上或附说明凭证、退货单位等。

9. 退货后要及时通知部门主管，以便尽早对菜单进行调整，以免影响正常营业。

第七节
食材原料的储存管理

1. 干货可在室内常温下保存，有些不需要冷藏的食品也可在常温下保存。干货要存放在干爽、通风的地方。

2. 在天气晴好的时候，存放仓库要常排风、常换气，使室内空气流通。放干货的架子要有间隙，不能堆放过密。如果室内地板或墙壁出现潮湿迹象，表明通风不好，必须马上采取措施。

3. 堆放物品要有次序，密封较好的食品例如罐头等，应放到最接近地板的一层，其他食品的放置也要与墙壁有一定距离，以利通风。一些容易受潮变质的食品如白糖、精盐等，应放在架子上层，因为位置高的地方比低的地方干燥。

4. 避免虫害、老鼠、蚂蚁、蟑螂等损坏干货，使其丧失食用价值，库房应有预防设施。打开过的食品，要放入特殊容器内装好，溢出的食品应马上擦洗，使用干货前要进行检查。

5. 容易变质的食物原料一般要冷藏，以减缓微生物的繁殖速度，抑制原料中酶的活性，保证食品的质量，延长原料的储存时间。

6. 宾馆、酒店的餐饮部门用于原材料冷藏的设备主要是冰箱、冷藏柜、冷藏室、冰库等，冷藏容量可根据宾馆、酒店的实用量和储存方式等来确定。

7. 鱼类、家禽、新鲜蔬菜、奶制品、半成品菜、肉类等，冷藏温度根据原料种类而定，以保证冷藏温度和减少能源损耗，不要耽误过久，否则会影响存放效果。

8. 坚持先进后出原则，经常翻动检查冷库的食物原料，以防某些原料储藏过久。入库日期应有文字记载。

第八节
餐饮管理人员岗位职责标准

1. 热爱餐饮工作，有事业心和责任感，对工作认真负责，注重实效，严格管理，处事公道，严于律己，不图私利。

2. 负责制订本餐厅的营业计划、推销策略，制定餐厅的服务标准、工作程序及要求，并组织实施。

3. 管理监督下属的服务工作，亲自设计、布置、指挥检查摆台设置及厅堂美化工作。

4. 迎送重要客人，认真处理客人投诉，并就投诉意见向上级反映。

5. 与厨师长保持良好的合作关系，根据季节差异和客人情况研究、编制时令菜单。

6. 建立物资管理制度，保存管理好餐厅的各种器物。

7. 制定餐厅各种用具、设备的维修及购置计划，签署损坏报告单及有关部门备忘录。

8. 负责餐厅经营成本控制，加强管理、降低消耗，提高经济效益。

9. 填写餐厅业务经营报表，撰写经营报告。

10. 负责评估员工工作表现，制定员工培训计划并予以落实。

11. 定期召开员工会议，编制员工工作及休假时间表。

12. 了解餐厅设备的使用、维修和保养知识，了解一般装潢、美化环境等方面的知识，了解主要客源的饮食习惯和特点。

13. 保证餐厅服务人员与厨房员工的密切配合，圆满完成每日营销工作。

14. 有一定的应变能力和语言表达能力，能在繁忙的日常事务中遇事不慌，沉着冷静，处事果断。

第九节
厨房管理

1. 树立宾客至上的工作观，不断改进烹调技术；对工作认真负责，积极肯干，以身作则；讲究信誉，注意质量，不断开拓创新；办事公道，团结协作，不谋私利。

2. 在餐饮部总厨师长的领导下，负责厨房的生产管理工作。

3. 安排中餐厨房的生产，检查并督促各岗位按规定操作程序进行生产。

4. 负责安排厨房中所有设备的使用、维修保养，使设备处于良好状态。

5. 与总厨师长一起编制各种就餐宴会菜单。

6. 制订大型宴会食品原料的数量、种类、质量计划，组织人员进行加工制作。

7. 钻研业务，指导厨师工作，不断推陈出新，增加菜肴的花色品种。

8. 同总厨师长、餐饮成本核算人员、采购部人员一起参加核算，控制食品成本，汇报厨房的生产情况、员工工作表现，提出合理化建议。

9. 负责厨房急救设备以及药品的存放和管理。

10. 指导徒工，安排徒工的培训计划。

11. 开餐时到厨房现场指挥并参加生产，保证烹调的菜肴及熟制的面点符合质量要求，按时供餐无错漏。

12. 每天检查厨房的环境、个人、原料及制作过程的卫生，落实食品卫生"五四"制，确保不出食品安全事故。

13. 认真做好烹调工作,使菜肴的味、色、香、形符合规定的质量标准。

14. 负责工作区域的卫生清洁,工作台及炉灶及时清洁,对用过的油、料酒、醋、酱油等液体原料,要用筛子过滤,汤桶佐料钵要洗净。

15. 不断改进烹饪技术,增加菜肴的特色品种。

16. 对每天用料的消耗情况要做到心中有数,节约能源,随手关闭水电气,降低成本。

17. 负责培训徒工工作区域的设备、器具的保养。

18. 精通烹饪原理,熟悉菜肴的名称、风味特色,掌握各种烹调方法和技能。

19. 了解如何预防火灾、煤气中毒、中暑、烫伤等安全生产常识。

20. 掌握面点的制作技能,了解原材料的产地、特点及保管方法,了解添加剂的性能和使用。

21. 懂得面点成本核算,了解食品营养卫生常识,了解安全生产常识,有较强的实践操作能力,能根据季节变化和客人需要及时更换面点品种。

22. 负责烹制冷菜,按照规定的操作程序进行加工制作。

23. 拼制各种冷盘,做到图案新颖、造型美观、配置精巧、颜色协调、有艺术性。

24. 善于灵活利用食品原料。对于哪些用来垫底、哪些用来盖面以及各种原料的摆放位置,要做到心中有数。

25. 根据订单需要负责食品雕刻,不同的场合分别采用不同的命题。

26. 负责工作区域的卫生，保持本区的厨餐器具清洁明亮。

27. 有较强的实践操作能力。能根据宴会要求，设计各种冷盘的图形，雕刻各种花卉鸟兽。

28. 负责冰箱内存放、取出原料，确保食品原料的新鲜，负责菜肴原料的切配制作。

29. 有熟练的实际操作能力，能根据原料的特点进行加工处理，做到原料切配均匀。

30. 对工作任劳任怨，团结协作，认真执行操作规程，保证质量，讲究卫生，厉行节约，给厨师留有展示的空间。

第十节
酒类及饮料的储藏

1. 有足够的贮存空间，环境应保持干燥，通气性能良好，隔绝自然光照明，防震动、防自然干扰，有相对的恒温条件。

2. 酒品的储存空间（即容量）应与宾馆、酒店的规模相称，不少酒品需长时间贮放，讲究越陈越好。

3. 暂存酒品和长存酒品应分别收藏，储存空间要适当。

4. 酒品对温度要求相当苛刻，葡萄酒正常储藏温度为5℃~14℃，最高不超过24℃。啤酒的最佳储藏温度在5℃~10℃，温度过低酒液会出现混浊现象，温度过高酒花香会逐渐丧失。

5. 所有酒品均不可完全暴露在高温环境下，否则酒品的色、香、味会受到影响。

6. 建立固定使用设施，如橱柜、冰箱、冰柜等都能充当贮酒场所。

7. 保证各个部门独立核算，如鲜奶、果汁、名烟名酒等，以保证餐饮部经营收支及成本核算的准确性。

第十一节
餐饮4D管理法

何谓4D管理法?

餐饮业有许多管理体系,目前最受关注的叫做"4D现场管理体系",它是由日本的"5S管理"结合中国餐饮业的具体特点演变而来,又称为"卓越现场管理法"。

所谓"4D管理",是指在管理中要实现"四个到位",即整理到位、责任到位、执行到位和培训到位。

1D：整理到位

定义：判断必需与非必需的物品，将非必需物品清理掉，将必需物品的数量降到最低。

目的：把"空间"腾出来，提高寻找物品的效率并防止误用。

做法：

1. 对所在的工作场所进行全面检查。

2. 制订需要和不需要的物品清单。

3. 清除不需要物品。

4. 调查需要物品的使用频率，决定日常用量。

5. 根据物品的使用频率进行分层管理。

2D：责任到位

定义：有用的物品按规定定位、定量，明确标示，摆放整齐。

目的：整齐、有标示，30秒内找到需要的东西。

做法：

1. 对物品的场所和物架进行统筹（画线定位）。

2. 将物品在规划好的地方摆放整齐（规定放置方法）。

3. 标示所有的物品（目视管理重点）。

达到责任到位的四个步骤：

（1）分析现状；

（2）物品分类；

（3）储存方法；

（4）贯彻贮存原则。

3D：执行到位

定义：杜绝工作场所各区域的脏乱现象，保持环境、物品、仪器、设备处于清洁状态，防止污染的发生。

目的：环境整洁、明亮，保证取出的物品能正常使用。

做法：

1. 建立清洁责任区。

2. 具体清洁要领如下。

（1）对工作场所进行全面的大清扫，包括地面、墙壁、天花板、台面、物架等地方。

（2）注意清洁隐蔽的地方。要使清洁更容易，尽量使物品从高到低放置。

（3）仪器、设备每次用完后清洁干净。

（4）破损的物品要清理好。

（5）定期进行清扫活动。

3. 履行个人清洁责任。

谨记：清洁并不是单纯的弄干净，而是用心来做。

4D：培训到位

定义：连续、反复不断地坚持前面的3D活动，养成坚持的习惯，并辅以一定的监督措施，要求人人依规行事，养成好习惯。

目的：通过制度化来维持成果，通过培训提高素质，养成工作规范认真的习惯。

做法：

1. 认真落实前面的 3D 工作。

2. 分清责任区，分区落实责任人。

3. 视觉管理和透明度。

4. 制定稽查方法和检查标准。

5. 保持 4D 意识。上班前坚持 4D 一分钟，加班前坚持 4D 五分钟，时刻不忘 4D。

6. 制定共同遵守的有关规则、规定，持之以恒地坚持下去。

7. 加强 4D 现场管理，规定每季度第一周为"4D 加强周"，并纳入质量检查程序。

4D 管理一旦在餐饮企业中得到推广和坚持，将产生以下五大效果：

（1）提高效率。

（2）降低成本。

（3）增强工作的自觉性。

（4）提升环境的整洁度。

（5）提高员工素质。

附：后厨操作管理制度

一、设施设备管理

1. 厨房设备如冰箱、消毒柜等均由专人使用。

2. 掌握自己所用设备正确的使用方法。

3. 不经过厨师长同意，不得擅自使用厨房设备。

4. 定期对自己使用的设备进行维护、保养，确保设备的正常使用。

5. 班后厨师长要安排专人对厨房所有设备及电源进行检查，确保万无一失方可离开厨房，并锁好厨房门锁。

6. 发现故障隐患，要及时向厨师长汇报，随时检修。

二、工具及用具管理

1. 厨房工具及用具如菜刀、菜墩、工作台、菜盘、菜筐等所有工具、用具都要由专人管理，保证所有工具、用具有人负责，做到物物有人管、人人有物管。

2. 无论何时都必须确保工具、用具的卫生及完好。

3. 所有人员都要掌握厨房工具及用具的正常使用方法。

4. 定期对厨房工具、用具进行盘点检查，有缺口或损坏的及时向上级汇报。

三、出品管理

1. 所有厨房出品（凉菜、面点、肉、青菜、半成品）等必须分配到人，保证所有菜品都有专人负责质量把关。

2. 确保出品卫生、量足、味正，餐具无缺口等。

3. 如因质量造成顾客退菜或投诉，由菜品质量把关人承担责任。

4. 多次因菜品质量造成投诉的厨师，厨师长有权给予其处分或辞退处理。

四、卫生管理

1. 个人卫生管理：

（1）男厨师必须理寸头，无胡须，不留长指甲，戴厨师帽，穿厨师服，并时时保持干净整洁。

（2）所有厨师每三天必须洗一次澡，保持清洁无体味。

（3）所有厨师不得随意脱下工作服，摘下工作帽。

2. 环境卫生管理：

（1）所有清洁工具、用具包括拖把、灰兜、扫帚、抹布、玻璃刷等，必须指定存放地点，使用完毕要清洁干净放回原处。

（2）按照不同的岗位划分卫生区域，确保时时清洁。所有人员都必须参加每周一次的卫生大扫除。

（3）定人定时检查厨房的清理及用具的清洁工作。

五、厨房原材料购存管理

1. 每日营业结束后，厨师长都要对当天肉类、青菜类、凉菜类、面点类等出品进行汇总，对当天使用的原材料进行汇总，对当天所剩原材料进行汇总。

2．根据汇总数据，分类列出第二天所要采购的原材料数量，交与采购员，并对采购回的原材料进行过秤检查，确保所有采购原料的数量和质量。

3．营业期间，厨师长要对所有环节进行监督，杜绝浪费，对造成浪费的人和事进行必要的处分。

4．营业结束，所剩原材料过秤后，指定专人妥善保管，以免造成浪费。

4D管理法的好处：

在选择培训项目时，经过多方考察，4D管理方法是针对餐饮酒店运作而言，更简单、更易接受、落地更容易的一种管理方法。

它能使通道流畅、厨房整洁、地面不湿滑，使员工烦琐的工作变得更轻松，大大降低成本，达到了分区、分层、分颜色、标示明确、摆放整洁的最佳效果。

未来酒店领导者的管理秘籍

现代房务运营者的操作指南

第三章　客房部综合管理

第一节
培训的重点及要求

培训重点：

1. 培训员工懂礼貌、讲文明。

2. 促使员工服务操作正规化。

3. 提高员工服务技能。

4. 使员工语言、动作符合礼仪规范。

培训要求：

1. 上班期间不准打闹、不准抽烟、不准含口香糖。

2. 见到领导主动问好。

3. 宾客至上、服务第一、真诚奉献、团结一心。

4. 对工作雷厉风行，做到有检查、有追踪、有落实，坚持以目标为导向，培养良好的精神状态，养成工作无借口的好习惯。

第二节
怎样做一个成功的服务员

1. 注重自己的仪容仪表，保持房间整洁干净卫生。

2. 不迟到、不早退、守时间、守岗位。

3. 能熟练掌握服务技巧。

4. 有合理的计划目标，能助人为乐。

5. 有合作精神和团队精神。

6. 接受领导指示，听从及执行上级的决定和安排。

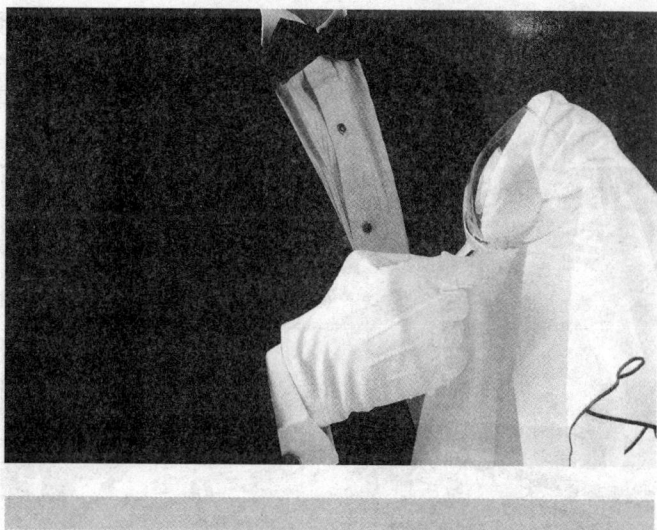

第三节
酒店前厅的概念

酒店前厅，又称为总服务台、总台或前台等，通常设在酒店的大堂，负责推销酒店产品与服务，组织接待工作。酒店前厅具体负责的工作，主要有客人订房、登记客房状况，控制客人财物的结算与审核，以及前厅综合型业务管理。前厅的工作主要涉及酒店外部的业务活动：

1. 正确显示房间状况。前厅部必须在任何时刻都正确地显示每个房间的房间状况，包括已住客房、走客房、待扫房、待售房等，为客房的销售和分配提供可靠依据。

2. 提供相关服务。前厅部必须向客人提供优质的订房、登记、邮件、问询、电话、留言、行李、委托代办、换房、钥匙、退房等各项服务。

3. 整理和保存业务资料。前厅部应随时掌握完整、准确的资料，并对各项资料进行记录统计、分析、预测、整理和存储。

4. 建立客账。记录和监督客人与酒店房间的财务关系，以保证酒店及时准确地得到营业收入，客人的账单可以在预订客房时建立（记入定金或预付款时或在办理入住登记手续时建立）。

第四节
前厅的地位和作用

前厅是酒店业务活动的中心，客房是酒店最主要的产品。

前厅通过客房的销售，带动酒店和其他各部门的经营活动。为此，前厅部应积极开展客房预订业务，为到店的客人办理登记入住手续及安排住房，积极宣传和推销酒店的各种产品。

前厅还要及时地将客况、客情、客人需求及投诉等各种信息通报有关部门，共同协调全酒店对客服务工作的统筹，以确保服务工作的效率和质量。

前厅自始至终是为客人服务的中心，是客人与酒店联络的中枢。前厅服务人员为客人结账，建立客史档案，贯穿于客人与酒店交易往来的全部过程。

前厅部员工应具备的素质要求

1. 前厅员工必须品行端正、诚实正直。

酒店前厅部是赢得客人好感的重要场地，任务重大，它的运转和管理水平，直接影响着整个酒店的经营效益和对外形象。前厅部的工作种类繁多，有些会涉及到价格、金钱以及酒店的经营秘密，如果员工没有良好的修养、端正的品行，就很容易发现并利用酒店管理中的某些漏洞，利用岗位之便，做有损酒店声誉和形象的事情。因此，除规章制度的监督制约以外，还必须加强前厅部员工的品行修养的提升。酒店员工要自觉按照社会公共准则和职业道德要求不断来完善自我，力求表里如一，做到诚于中而形于外。酒店员工应自尊自律、廉洁奉公，自觉抵制各种精神污染。

2. 前厅员工应具有良好的服务意识。

前厅是酒店和宾客之间的桥梁，是酒店管理系统中的中枢神经。酒店要求员工应通过自己的细心观察，以自己的不懈努力，在第一线为客人提供优质服务。树立"一切以宾客为中心"的服务意识，做到"眼里有活、手勤干活"，能设身处地站在宾客的立场为宾客着想。热情适度，耐心周到，真诚服务。对待客人应一视同仁，不可以貌取人。

3. 前厅员工要有敬业乐业的精神。

勤业敬业是职业道德的关键环节，也是各项工作落实的最好体现。忠于职守、认真负责、精益求精，是勤业敬业的具体要求。前厅部员工对前厅部的工作、任务、目标、地位、范围、岗位职责等要求要有较为全面正确的认识。对本职工作要有责任心，要自觉维护酒店利益，在服从指挥的前提下有一定的灵活性和创造性。对客人的要求要敏感、反应快，及时上报或向同事准确传达信息，遇到突发事情，要保持理智和清醒，使事件得以妥善解决。

4. 前厅员工应有较丰富的知识。

前厅部是酒店业务活动的中心，也是客人在酒店接触最多的部门。酒店的客人来自四面八方，性别、国籍、职业、年龄、受教育程度、职务等各不相同，这就要求前厅部员工平时注意积累经验，有较强的适应能力和应变能力，具备相应的技能技巧。同时，员工还应该对历史、地理、宗教、通信、交通、金融、本土的风景名胜以及国外的一些风俗习惯等方面的知识，有不同程度的了解和掌握。

5. 前厅员工要有较强的口头语言表达能力。

前厅员工大多数时间花在与客人的沟通上，因此运用语言的机会相对来说比较多。前厅部员工在汉语表达上要能做到以普通话为标准，发音准确、音调适中、音质好、表达流畅、用词准确简洁，便于理解和进一步交流反馈。在接待宾客时，语言不能生硬呆板，不能只局限于机械的回答，应适度幽默。前厅员工在与客人交谈时，运用生动幽默的语言，不仅能打破僵局、缓和气氛，便于处理问题，而且能使客人觉得酒店员工有较高的文化修养，从而使感情更加融洽。

此外，还应学习一至两门外语，并使其中一门外语达到一定水平，以应付工作中不时之需。因酒店接待的需要，还应掌握一些闽南话、广东话等常用的方言，以利于在接待不同地方的客人时相互沟通。

6. 前厅员工应精神饱满，举止得体。

前厅部员工因工作的需要，要练好站立服务的基本功。在工作岗位上，要注重仪表仪容及仪态，按照酒店的规定着装，保证服装的整齐干净、仪态的规范与优美，整体形象要给人一种清新、大方和亲切的感觉。

第五节
规范化服务

客房是以出租和提供劳务来取得货币收入的商品,商品质量是由服务、设备、环境三个主要内容组成,这三个主要内容是互为补充的。其中服务又是客人最为注意和计较的,如果服务质量差,即使环境好、设备好、价格便宜,客人也是不会光顾的。因此,只有完善的设备、优质的服务、方便舒适的环境,才能够成为一个合格标准的商品,才能使客人感到舒适、愉快、方便和安全。

客房服务是要做好从客人抵达直至离去的整个过程的服务,大部分服务工作是由客房的服务员承担。服务的水平对客房服务员来讲,是一门重要的课题,值得研究和探讨。要想把客房工作做好,必须有一个正确有效的方法,好的工作方法能有效提高服务质量。因此,对客房服务员来说,只有熟悉并掌握客房服务内容和各个环节的具体过程,才能应用自如地做好服务工作。楼层服务员的主要工作是及时接受开房任务,布置好房间,掌握客情,做好迎送工作。搞好日常清洁卫生用品的更换、客人信件、留言、行礼接送、委托代办并做好饮料供应及来访客的接待工作等等。客人到达前,班组长要全面、细致地安排检查一下各项客房工作,调好房间室温,准备好毛巾、茶水,服务员整理好仪容仪表,做好一切迎宾准备。

迎宾工作是来宾到达楼层时,客房服务员在迎接过程中应做的工作。

迎宾工作时间虽然不长,但影响很大,能使来客得到第一印象,需要热情、有礼、妥善安顿。客人由行李员引领到房，在引领途中，应走在客人的右前方约一米处，不能太近，太近容易挡住客人的视线，但也不能太远，太远会给客人造成疏远感。行李员在开门之前，不管房间有没有人都要按门铃，然后用钥匙打开房门，再一次核实房间是否整洁，随后礼貌地请客人先进。行李员随后把行李放在行李架上，再帮客人挂好外衣，然后把所有设施向客人介绍一遍，让客人了解房间情况。对于熟悉的客人应该这样称呼："先生，这是您的房间，这边是床头灯和音响控制器，这里有为您准备的茉莉花茶。电视共有 N 个频道，全天为您服务。这里还有服务指南、文具用品等等。"介绍设施时要简明扼要，介绍时间不宜太长，因为客人一路劳累需要休息。安排妥当后应立即告退，客人进房坐下后，客房服务员应送上毛巾、迎宾茶，对客人的光临表示由衷的欢迎。

客房服务五项质量标准

1. 保持楼梯、走廊过道、存衣处等公共场所干净、整洁、无浮灰、无脏迹。

2. 保持门窗光亮，地板、地毯、墙面、天花板无积灰、无"四害"、无蜘蛛网。

3. 保持花木盆景的清洁，无浮灰、无垃圾、无烟头、无枯叶。

4. 保持艺术挂件完好，挂放端正、无浮灰。

5. 保持空调出风口干净无积灰。

第六节
如何清洁客房

整理房间需要按接待规格和操作程序进行，上午清理时最好选择客人不在的时间，若来宾不出门办事，必须征得来宾同意方可进行。若客人在门把手上挂着"请勿打扰"的牌子，就暂时不要打扫，然后记下房号，按顺序打扫下一个房间。当客人起床外出时，要立即清扫。整理房间前，先把工作车、抹布准备好，清扫用品工具备齐，然后先按门铃两次，确认无人后再用钥匙开房间。即使知道客人不在，也必须按门铃。进房按铃要养成一种习惯，这也是一个服务员最基本的常识。上午理房是一天的重点，也是关键。客人经过头一天晚上的休息、工作之后，房间的变化很大，备品也已消耗大部分，需要增补，所以上午的房间清理工作量也是很大的。整理房间要按操作规程进行：

1. 进房后先拉开窗帘，打开空调调节室温。

2. 检查室内的全部窗帘钩子是否脱落，把室内需要更换的用品及废品、杂物全部撤掉，如烟灰缸、水杯、暖瓶、废水等，倒垃圾桶时要注意看一下有无夹杂客人的物品。

3. 将用过的床单、枕套撤到清洁车内，切勿乱丢。客房、卧室的家具素来以床为重，其他家具布置都是以床为中心。床处于显要位置，是客人在旅途生活中消除疲劳、恢复精力、调解身心的主要场地。床铺的整齐、美观，能使客房增加美感、看起来温馨舒适。因此铺床是很讲究的，必须铺设合理，外表整齐美观，睡卧

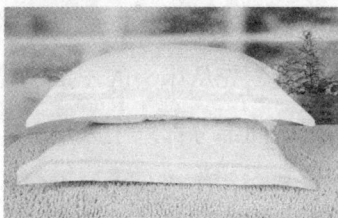

柔软舒适。

4. 床和床垫铺整放平，软垫每周翻身或调头一次。

5. 铺褥单时，用第一条床单包住床垫，分抖单定位和围合包紧四角两个环节。抖单定位，先把床单横向打开，使其正面朝上，两手分开，用拇指和食指拿住最上层的边，用手指夹紧下面三层，纵向折叠，利用臂腕的力量向上、向外抖开，用力均匀。围合包紧四角，要用床上褥单把床垫四角包紧，先从床头的一角包起，再包同侧角端的一角，然后把中间部分都塞于床垫下。塞的手法：手掌向下手背向上，手插在床垫与床缝中间，两手从中间向两旁推塞；随后转向另一侧，方法相同，要求床面平整、四角坚挺。铺单时人站于床侧，拇指食指拿着床单的第一层像第一条床单一样，利用臂腕的力量抖开，正面向下，床单中线底与第一条床单中线对准。

6. 铺盖毯时，将毛毯铺在第二条床单上，毯正面朝上，如有宾馆酒店标记则朝角端。包边包角先将第二条床单从床头的一端翻折，包住毛毯的头端，接着将一侧的床单连毛毯一起塞进软垫下，再包角端。把床单连毛毯包折后塞于垫下，把侧边的也塞于垫下，然后转到另一侧同样折后包塞，先头端后角端，再用中间的秩序，把盖被包完。要求盖被平整，头端翻起的床单两边一致，角端包角一致，同时要使两床盖被的翻边阔度一致。

7. 套枕套时，拿一只枕套抖开，先装一只木棉枕心，双手把枕心两角塞进枕套口，随后拉住枕套口。抖动枕心，装进枕套内。要求枕套四角装满，安放时枕头朝向床边柜，把木棉枕放在下层。再用同样的方法装鸭绒枕

心，装好后放在木棉枕上面，四角装满，中间鼓起成弧形。枕头置于床头中间，离床板三厘米左右就可以。

8. 罩床罩时，要看清床罩的图案，如有枕花就需要把花放置在枕头上，然后对正中线，先整理床角端，再理床角底、里面、再理头端，最后将床罩以下部位分别塞在两个枕头下面，双层折筒，床罩两侧自然下垂。如无床角板，则床罩把床角罩满，要求床面平整，线条正直，图案位置适中，下垂两床对称。床的床罩颜色一致，图案一致。床罩颜色要与室内陈设和谐，以增添客房的美观。

铺床是客房最关键的一环，是清洁房间最基本的技能。抖单定位要熟练，扎扎实实练好这门基本功，才能更好地为宾客服务。

铺床前首先备好铺床用品，每张单人床备有一只木棉枕心和一只鸭绒枕心，两条枕套，两条床单。也有的宾馆、酒店的豪华房间铺床有三条床单和一条毛毯。夏令可改用毛巾毯，冬令可按室内温度再加一套鸭绒被或丝棉被以及图案美观的床罩。

抖单时要注意分清床单的底和面，第一张床单的面是向上的，床单的折叠中线在床的中间位置上。第二张床单的面要向下，毛毯的中线与床单的中线重叠，枕头的中线要和毛毯、床单的中线对齐，这叫作三点成一线。为了便于客人使用，床头要留出三十厘米，正好是一个枕头的位置，枕头要放到对着床头正中位置，然后盖上床罩。床罩一般可以从上面一直垂到接近地面，也可以只罩着被褥露出一点床，有弹簧垫子时，则可以在下部做上荷叶裙边。席梦思的床垫底下，有一个木头盒似的底座，再罩上床罩显得富丽堂皇。床罩罩好后，稍做整形，给人以美感。

一系列的工作完成后，顺手将烟灰缸里的烟灰倒掉，将废纸屑捡起，换下的布草放到布草车上送回洗衣房。

客房服务的关键是把客房卫生环境搞好，使宾馆具有舒适、清洁、优美的居住条件，这就要求服务员动作麻利、吃苦耐劳。清洁整理房间，不仅要干净，还要迅速。要想两全其美，就要在工作时有一套合理规范的程序。抹灰要用干湿两种抹布工作，湿布只能用来擦污渍，干布擦浮灰，交替使用。擦家具需从上到下、从左到右，按顺时针方向一次开擦，开擦家具后面、侧面以及扶手横档和镜子时，一定要仔细，边整理、边检查、边添加物品。不可翻阅客人的书刊，不可好奇拨动新鲜物品以致造成不良影响。抹床头灯时，把照明灯全部打开检查一下，若有损坏应及时报修。

在使用干湿抹布时要根据情况，如上清家具、镜框台灯、电话机可用干抹布擦；橱柜、书桌、镜子，可先用湿抹布擦，再用干抹布擦。在抹的过程中，顺便将室内整理一下，撤去用过的茶杯、烟灰缸等。

整理房间应注意的事项

首先，要养成进房前想一想的习惯，揣摩一下现在客人在干什么，睡觉、看书还是在干别的事情。进室后验正一下判断的对与错，久而久之，就可以摸索出不同客人活动的规律。

按客人需要，也就是在客人最方便的时间清扫房间。整理客房时，进房要先敲门，敲门时要说："对不起先生（小姐或女士），我是楼层服务员，不好意思打扰了。"

敲门时，用指关节轻轻敲三下。如有门铃，服务员要先按门铃，如听不见回音，间隔5秒再敲门三下或再轻按门铃，得到"请进"的明确回答后再进入房间。

服务员一般很容易出现敲一下门就开门进入房间、敲门后不管请与不请都进去了的情况，这是一种不尊重客人、极不礼貌的粗野行为。

另外，也有些服务员敲门后听到"请进"后开门却不进入房间，而是从门缝里向里瞧。这也是一种极不礼貌的行为，会使人产生一种厌恶的感觉。

以上所说的两种情况在实际工作中一定要加以注意。

在一般情况下，整理房间时尽量不用房间的电话，更不应用房间电话与外面的朋友通话。擦电视时，要用干抹布擦荧光屏和塑料壳。擦好后，要测试一下电视机的图像是否正常。

整理房间时若发现地上掉落的螺丝、螺丝帽，要检查一下是不是家具上掉下来的。捡到的零部件不管多大都要收好保存起来。如发现家具有小毛病，如抽屉不好使用、把手螺丝松动等情况，要及时修理，暂时不能修理的要做好记录。开关门时，要手握门把手，不要手扶门边侧缘，以免发生意外挤伤，不要往橱柜、书桌里面放重物、脏物。

适量使用各种清洁剂和其他溶液，注意不要洒到家具、窗户、窗帘以及地面、地毯上，同时也要注意管理好清洁厕所用的洗涤剂，因为它们具有较强的腐蚀性。客人住入宾馆以后，日常生活大部分都由客房服务员来照料，客房服务的水平在很大程度上体现一个宾馆的服务水准，关系到宾客旅行是否顺利愉快。也可以说，房间整理是非常重要的。

整理房间应注意作业安全，向领导指出可能发生事故的情况。晚上在进入没有开灯的黑暗房间时，易发生碰撞，用手去探取纸篓、垃圾筒时，注意不要划伤手指。挪动家具时要当心被钉子、木刺扎伤。总之，在整理房间时，一定要精力集中，不可粗心大意。

清洁冰箱的里外时抹布要严格分开，如果室内冰箱的调节器被客人拧动，冰箱的温度要调回原来的位置。擦衣柜时，如果是已退房间，首先检查一下有无客人遗留物品，然后再清理衣架够不够数量，把衣架摆放整齐。对来宾日常的服务工作是从早到晚、时间最长、工作最多、涉及面积最广的，要通过服务让来宾在住店期内感到方便舒适、称心如意。若要达到预期的效果，必须时时留意，随时体察来宾的需要，主动为来宾提供细心服务。

房门是客人出入的主要通道，所以擦房门时，更要认真仔细，不得有半点儿马虎。房间卫生清理完毕后要将换掉的物品补上，如暖水瓶、茶杯、茶叶、烟灰缸、服务指南等，最后为房间补充水。离房前，要环视客房一周，如有不妥当之处要马上进行整理。离开时要面向客房内，轻轻把门关上。

第七节
如何清洁卫生间

客房的卫生间也叫浴间，主要设备有脸盆、浴缸、马桶等。宾客卫生大部分是在卫生间处理，为了保持卫生间的整洁，必须即时擦洗和随时更换物品，养成良好的整理和擦洗习惯。在擦洗卫生间时，一定要戴橡胶手套，擦洗用具一定要专用。擦洗前，要先按一下冲水开关，及时收回客人用过的物品，如浴巾、毛巾、牙具等，并且拾取杂物，为全面擦洗提供条件。注意撤换的口杯不要乱放，一定要放在布草车上。清洁面盆、玻璃镜子、浴盆、便盆时，要先把清洁剂装入喷壶，再把所有的处理面洒上清洁剂及消毒液，接着用清水冲洗，然后用干毛巾擦干净，特别是要把那些有污渍的地方擦干净，比如水龙头开关。同时，也要把装牙具的托盘和小盘擦洗干净。清洗完毕后用干布擦干净，重点要把金属的开关擦洗干净。清洗镜面时，先喷洒清洁剂，再用干抹布从上到下、先左后右顺时针擦拭。

清洁浴盆时，用清洗刷从上到下、从左到右擦洗淋浴器及其周围。擦洗时一定要认真仔细。淋浴喷头也是擦洗的重点，擦洗后用清水冲洗一遍，再用湿布擦干水珠，然后用干抹布擦干水分，不得有水渍。肥皂盒当然也要细心擦拭，然后用清水冲洗干净。从墙面四周到浴盆一定要面面俱到。墙面要用抹布擦干净，房间金属架也一定要认真仔细地擦干净。清洗坐便器时，用专用工具和毛刷以及专用抹布，先用混合了清洁剂的溶液冲洗，然后再从里到外清理。如坐便器内有污渍，使用清洁剂或洁厕灵，用毛刷由上往下冲洗，然后消毒，再用湿抹布从外面擦拭。擦拭时一定要用专用抹布。注意清扫卫生间时不要让头发、火柴、纸张流入下水道。擦地时，一定要退着擦。待一切卫生清洁完毕，再把所需要的物品补齐，将口杯、牙刷、火柴、肥皂摆放整齐，更换垃圾袋，而后放上消毒标志用封条封好，把消过毒的面巾、浴巾、垫脚巾摆放平整。浴帘挂钩如有脱落，及时进行更换。

摆放好毛巾，把卫生纸放入铁盒，然后把电话擦干净，检查线路是否畅通。最后再检查一下物品是否齐全。

打扫房间的最后一项是吸尘。挪动家具时不要用力拉动地毯，更不要磕碰其他家具。用吸尘器把地毯由里向外吸干净，特别注意床下、写字台与房角等地方。如地毯有污渍，可用清洁器擦去，然后将移动的物品归位。最后检查一下房间并做好记录。离开时，关闭灯具并轻轻关闭房门。

第八节
客房小整理

服务员在整理一间客人外出的房间时，除床单、枕套外，其余按规定整理。清扫有客人的房间时，发现地上有纸张也要捡起放在桌面上，因为它可能是客人不慎掉在地上的，这对客人也许是极有用的，不可随意扔掉。换上烟灰缸、杯子。如果客人没有午睡习惯，要把房间重新整理一遍，再把房间卫生间打扫一遍，打扫完后退出。

为了客人的身体健康，撤下来的杯子要重新洗干净。清洗一定要细致，和客人接触的杯口一定要额外擦洗。擦洗完毕，送到高温箱里消毒，温度升到120℃，一般消毒20分钟即可。消毒后的杯子要装进干净的纸套备用。

布置好布草车，以备第二天使用。要将布草车上的脏布草撤走，然后将干净的布草整齐地排放好，以便下次使用。

第九节
客房检查

　　客人离店后的清理必须认真彻底，因为这次全面清理后，房间将出租给下一位客人。服务员清理要按三级检查制度进行，分别是服务员自己检查、班组长检查和部门经理代表总经理全面细致检查。检查内容为：家具有无擦伤、破损、发霉之处，有无烟头，用具是否按规定数量放置，位置是否正确，抽屉是否完好，地面是否清洁，台面是否稳定，灯罩是否有灰尘，窗帘挂的位置是否良好，挂钩是否有脱落等。

　　同时还应检查窗户是否明亮，开关是否灵活，窗框是否有灰尘，茶杯有无水渍、是否消毒，床铺得是否平整，床单、枕套、毛毯是否清洁，床头柜是否有裂痕，床头机控制盘各项开关是否正常，电话是否畅通，空调控制器是否灵活，请勿打扰、整理房间牌是否完整清洁，卫生间门锁好不好用，电灯开关、插头有无破损，马桶盖是否松动、有无封条、是否清洁，浴缸、面盆、浴巾是否刷洗干净，冲水器、水箱是否正常，电话机、镜子、化妆台、瓷砖、墙地面是否清洁，室内用品是否按规定数量放置，走廊卫生是否保持干净，灯光是否正常，空调的出风口是否清洁，沙发、茶几是否稳固干净，电梯指示是否正常，服务员的服务台是否按规定打扫，落地烟灰缸、垃圾桶是否清洁，走廊的门边是否抹干净，清防器材是否按规定放置等等诸多内容。

　　一看，二摸，三试。检查好后，签名登记。

客房要领十字口诀:
敲—换—叠—倒—吸—擦—消—摆—查—补。

客房用品:
电话、电视、茶杯、茶杯垫、茶叶、茶叶盒、烟灰缸、大托盘、床单、床边单、被罩、被子、拖鞋、鞋擦、热水壶、服务指南、布草车、吸尘器、垃圾桶、电视柜、衣帽架、写字台、行李架、椅子、茶几、小圆桌、衣柜。

卫生间用品:
小托盘、刮胡刀、肥皂、洗发膏、沐浴露、玻璃杯、毛巾、浴巾、塑料拖鞋、塑料脚垫、毛巾垫、洗手液等。

客房:
客房是温馨的家园,是宾客旅途劳累后休息的地方,是人生旅途避风的港湾。

第十节
夜班服务

夜班服务员是允许坐的，但是见了客人时，一定要起立，以表示对客人有礼貌。

当夜幕降临，客人去餐厅用餐或外出散步时，服务员应到房间进行整理。开门前不管有没有客人，都要按门铃或敲门。开门后和做钟点房一样，先放下全部窗帘，然后打开壁灯，更换水瓶、杯盘，再把床罩折叠好，放在指定的衣柜和抽屉内，靠近床边柜的一边，把盖被一侧的床单连同毛毯一起拉出床垫，将易折中心点放在床的中间。从床边柜子取出拖鞋放在沙发右侧便于启用。留下床边灯，锁上房门，整理好夜床卫生。夜班服务人员还要打扫走廊卫生，如防火用具、沙发、茶几、窗台、垃圾桶等，都是夜班工作。

夜班服务员对于楼层安全负有很大的责任，如果发现不安全因素，应该及时处理。夜班服务人员遇见客人要主动问好，笑脸相迎；打扫楼层卫生要小心操作，避免发出太大的声响影响客人休息。楼道内遇见客人从外面回来，要关掉机器主动让道。客人要洗的衣服要及时洗烫，收费结账要办清。收现金要把款点清，记账请客人签字。

接待来宾的访客，一般先到总台办好登记手续与客人取得联系后方可上楼。有时访客未经总台登记，也未经客房联系，一样要热情接待不能怠慢，可请访客到会客厅休息，问清情况后与客房取得联系，方可入房，随后补办手续。

第十一节
送客程序

客人离开宾馆的前后工作是服务全过程的最后一个环节，如果工作做得好，就能让来宾加深印象，增强效果，高兴而来，满意而去，或依依不舍，有以后想再来的愿望。

客人离开楼层时，服务员要热情，有礼貌地道别：欢迎再次光临。

客人离去后，服务员应全面及时清洁整理，再按宾馆酒店规格布置。

整理中要检查室内各处是否有客人遗留物品，如果发现遗留物品，无论大小、多少都要设法去追。如客人已离店，要及时交于总台转交，或上交领导处理，同时把情况记录交给值班部。

完善、熟练的服务对于旅游宾馆来说十分必要，热情周到的服务态度、标准熟练的业务技能，代表着一个宾馆的服务水平。在整个客房服务过程中，处处体现"请"当头，"谢"不离口，这样才能赢得宾客信赖，才能使宾馆赢得赞誉。

第十二节
客房工作岗位职责

1. 接听电话，答复住客的咨询或要求，及时向有关部门传递并做好记录。接受收银汇报订退房记录，并通知有关楼层服务员查房报表。

2. 接受客人要求的洗衣服务并做好记录，通知有关人员收取衣物。

3. 与前厅校对报表、房况。

4. 与其他部门沟通信息，并将本部门信息向有关部门传递。

5. 负责客人遗留物品的登记、保管、上缴等工作。

6. 负责公共区域楼层万能钥匙的点收、控制、保管，严格执行借出和归还制度。

7. 负责统计房客遗失和带走的物品。

8. 协助部门做好对员工上（下）班签名考勤情况的记录工作。

9. 负责向客人提供服务设施器材和物品的保管，完善借出、归还等登记。

10. 掌握本部门固定资产和低值易耗品的分类及使用情况，做好领用、发放、登记、保管和耗用报账工作，按日汇总统计，管好三级账，做到账物相符、无差错。

11. 领用和发放本部门员工的餐票、物品。

12. 服务主动、热情、耐心、周到。

13. 树立良好的职业道德，不得利用工作之便私拿客人物品或钱财，不拿店里的一品一物。

14. 除保安检查以外，不得以任何理由私自打开客人的行李袋（箱），不得翻动、使用客人物品，不得在客房里私打外线电话。

15. 完成上级交办的临时性工作任务。

第十三节
服务员职责

1. 接班后与夜班人员交接夜间客人活动情况和未处理事情等，并交接钥匙。

2. 熟悉楼面、住宿记录等，弄清走客情况。

3. 准时叫醒预约起床的客人。

4. 按照客人起床先后，依次调换冷水、热水和茶水。

5. 及时调节好楼面走廊灯光。

6. 负责备好工作车上的各类布件、用品，并与清洁、整理房间的服务员做好签收工作。

7. 收取客人洗涤的衣服要核对点清，根据客人要求转交洗衣房。

8. 做好所在楼层卫生、茶水间、工作室、卫生间、服务台的清洁工作。

9. 工作中多一些微笑，多一些问候，力争让每一位客人满意。

10. 积极参与培训，不断提高服务技能、服务技巧以及服务质量。

11. 向客人介绍自己时，应注意礼貌用语，比如"我是某某服务员，非常乐意为您服务"等，最后先退两步再转身走出房间。

第十四节
员工守则

1. 不迟到不早退，按时上下班，下班后不擅自在店内逗留住宿。

2. 不擅自离岗。

3. 不接打私人电话。

4. 不看与业务无关的书籍。

5. 不私自会客。

6. 不私带无关人员进店参观、洗澡、留宿。

7. 不吃零食。

8. 不玩手机、看电视。

9. 不哼唱歌曲，大声喊叫。

10. 不索取小费、礼品等。

11. 不利用职权给亲友以特殊优惠。

第十五节
仪容、仪表、仪态及个人卫生

1. 工作时间一律穿工作服并佩戴工号牌。

2. 男员工不准留长发，头发长度后不过领、侧不过耳。

3. 女员工头发后不过肩、前不过眉，淡妆上岗，工作服干净无破损、无丢扣。客房服务员在坐房时不能披发，要佩戴发罩。所有员工除结婚戒指外，其他首饰均不准佩戴，不准染指甲，头发、指甲要勤修剪。

4. 前厅工作人员必须站立服务，保持微笑。

5. 每个服务员都要做到"三声、四轻"：

（1）来有迎声，问有答声，走有送声。

（2）走路轻，说话轻，开门轻，拿放物品轻。

6. 员工应表情自然，面带微笑，端庄稳重。

7. 工作时间内，不得剪指甲、抠鼻孔、剔牙、打哈欠，打喷嚏应用手遮掩。

8. 工作时间内保持安静，禁止大声喧哗。

9. 在公共场所不得随地吐痰、乱扔果皮纸屑。

10. 在客人面前不准吃东西、饮酒、吸烟、挖耳朵、挖眼屎、抓痒、搓泥垢，不能脱鞋、打饱嗝、伸懒腰等。

第十六节
电话礼仪

随着电话的广泛使用，电话礼仪越来越受到关注与重视，作为酒店服务人员应具备哪些电话礼仪呢?

1. 接电话尽量在3声内接起，如响铃3声内无法接听，接起电话后应表示歉意。

2. 接电话注意礼貌用语，例如"早上好，客房部""下午好，商务中心"等。

3. 接打电话应口齿清晰，说话言简，切勿一边吃东西一边讲话。打电话时应把控时间，在与客人、同事沟通前需将自己要表达的问题整理好，以免电话中讲话无重点、啰唆又表达不清。

4. 接打电话应注意语言、语气和语调。

5. 接听电话时，涉及到人名、地名、时间、数字等事项，应主动重复，并做好记录。

6. 打电话时应注意时间，除特殊情况（叫醒服务、临时通知）外，不要在晚11点后或早上7点前给客人打电话。

7. 接打电话应注意道别，例如"再见""谢谢""我们再联系"等。

8. 接打电话要声音清晰、态度和蔼、言语准确、反应迅速。

9. 及时登记、完善接打电话记录。

10. 酒店电话员不管是声调还是语言，都要热情、快捷，这是直接影响客人是否决定在该酒店下榻的重要因素。

11. 亲切、明快的声音能使对方感到舒服和满意。通过自己的声音在宾客和酒店之间架起一座友好的桥梁，给酒店树立形象，建立与宾客良好的关系。

12. 在电话表达时，要注意语气的自然流畅、礼貌有加。

13. 电话中音量要适中，不要过高亦不能过低，以免客人听不清，要主动适应客人的语速。

14. 声调要自然、清晰、柔和、亲切，不要装腔作势，给人一种不舒服的感觉。

15. 发音要清楚、易懂，不夹杂地方口音。

16. 语调要优美、热情、奔放、富于表达力，而不是单调，或有喘息声，令人厌烦。

后 记

想出这本书由来已久，但终因本人才疏学浅、忙于烹饪事业而多次搁浅。这次经过一年多的整理、编撰、校对，最终成稿，其中辛酸唯有自知。这本书也是本人从业以来对餐饮酒店管理的经验总结和技巧积累，现整理出来，希望能给对餐饮事业有兴趣的同仁有所帮助，与大家共勉。

该书的编辑出版得到了有关领导及众多专家的大力支持和热忱帮助，中国餐饮协会、北京屈浩烹饪学校、安徽新东方烹饪学院、淮北市餐饮协会、山东新东方烹饪学院、重庆新东方烹饪学院、陕西新东方烹饪学校、上海新东方烹饪学校、宁国市烹饪协会、安徽省烹饪协会、安庆市烹饪协会、北京素合善食酒店、珠海素合善食酒店、滁州市全椒烹饪协会、扬州市烹饪协会、济南市烹饪协会、东营市烹饪协会、淄博市烹饪协会、青岛红日酒店、山西陶唐会馆酒店、新乡市烹饪协会、济南晋康食品有限公司、德州平原县烹饪协会、山东泰山宾馆、蚌埠市尊皇国际酒店、南京市烹饪协会、临沂市烹饪协会、南昌市厨师之乡烹饪协会、西安市烹饪协会、中国绿色餐饮协会、安徽省徽菜产业发展促进会、徐州市烹饪协会、滨州市烹饪协会、山东滨州青峰食尚餐饮管理公司等单位的大力支持。同时，高炳义老师、李铁钢老师、焦福成老师、屈浩老师、鲍兴老师、孔祥道老师、李培雨老师、姚荣生老师、吕长海老师、张国华老师、刘洪斌老师、郑秀生老师、薛泉生老师、王茂山老师、赵军老师以及谢猛老师、王永光老师对本书提出了宝贵意见，特别是李玉芬老师在百忙之中为本书作序，实在感激不尽。

除此之外，酒店董事长总经理、餐饮协会会长、秘书长（以下人员名单排名不分先后）柏晓侠、林秀莉、李欢、白爱军、孔令发、何春丽、陈敬如、苏卫平、汪谋海、张金善、李德华、赵青云、余华、张爱民、冯存伟、王玉文、高元田、李国栋、马龙、田建光、高兴海、路亮、王涛、杜灵侠、胡勇梦、余大龙、何建文、李军华、周伟、许杰、肖强、段光松、孟玲、李新华、刘洋、刘传海、刘厚发、杨玉岗、杜维、王超、杨志杰、孙雪峰、张继舜、管军、魏振勇、王山水、陈四长、李辉、张记、杨子刚、刘宪法、李梅、李莉、张守兵、周勤、夏军礼、韩梁、张红军、葛龙、孟庭、吴雪、王家庭、孙俊峰、陈军、崔世栋、侯典玉、孙琴、谢跟党、何永健、张岳、周兴文、王利民、王芸武、蔡芳、尚建龙、张善保、范宗瑜、孔鹏、水建良、刘影、陈雪、李荣、谢建设、邵爷、高兴海、邵世强、郝守清、李士军、田一文、刘海涛、盛方山、蔡海峰、韩建民、张义江、程晓风、陆冬梅、陈蔷蔷、周梅、王钦波、于华威、张力振、周文娟、武建华、武建、程丽、徐海波、王海波、吴正勤、申云峰、陶宇、唐霞、张秀丽、孟琪芮、皇甫梦男、黄晓菲、孙照美、李瑞敏、胡晓峰、叶德辉、王汝意、徐向东、郭超、杨吉涛、丁朝文、彭辉、陈雷、付景国、杨佳、王康、陈晓鹏、彭祥弟、宋国龙、张峰、曹成、张红英、王飞、姜万清、李海明、郭建钢、胡修建、张玉庆、孙世峰、于文文、杜刚、樊红生、李杰、吴权全、程志祥、吴国宾、李彬、汪东坡、潘振、王玲、张勇、吴斌、葛龙、郭士松、甄永宁、王修江、王龙、王波、谢长城、范陆军、蔡瑞雪、李慧芳、刘梅、刘怀滨、刘先军、杨丙发、乔明福、刘纹纹、沈怀远、夏双、苏安海、白学彬、石溪、邓远所、严之飞、严俊、李福荣、桑大明、周国礼、刘华龙、侯胜才、张义忠、李保平、李峰等同志,对本书的出版给予了无私帮助和鼎力支持。在此,一并表示真诚的感谢。

　　本书编写耗时颇久,内容广泛,涉及餐饮酒店业的诸多岗位,再加上本人学识水平及掌握的资料有限,其中错漏和遗憾之处在所难免,恳请各位老师及广大读者批评指正。

王 军

2018年3月23日

王军大师2016年
收徒仪式安徽淮北站
现场众弟子合影

王军大师2016
年收徒仪式淮北站
现场众弟子行传统
叩拜大礼

2017年,王军大师安徽全椒站收徒仪式

王军大师与评委嘉宾、选手以及众弟子合影

王军大师和国外众弟子合影

王氏厨艺家族厨皇联盟会徽标

匠心·独具

独特包装 来图定制

佳酿载入美好记忆 为您锁住珍贵时光

立即定制

小米纯粮白酒业

是集生产、研发、销售于一体的股份制企业。

产品从选粮、发酵、酿造、检验、调酒、灌装、送检到出厂，每个环节无不做到精益求精。根据市场的需求，针对每个市场的不同特点专门调制，以保证适合当地消费者的口感。

·独特定制瓶身 图案自主DIY

·定制企业文化 形象深入人心

·珍贵老照片 记忆永存

个性定制

·更多方式 来图定制